How（Not）to Be Secular
Reading Charles Taylor
Copyright ©2014 by James K. A. Smith

Originally published by Wm. B. Eerdmans Publishing Co.,
Grand Rapids, MI, USA
Published by agreement through
Beijing Abundant Grace Communications Ltd.

如何（不）世俗

解读查尔斯·泰勒

How （Not） to Be Secular
Reading Charles Taylor

詹姆斯·史密斯（James K. A. Smith）/ 著

高 喆 / 译

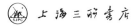

上海三联书店

目 录

前　言

设想你是一位禾场开拓者，搬到了布鲁克林，或伯克利，或博尔德。也许你得到呼召要离开佐治亚、大急流城或这个国家其他某个"敬虔"地区，感到有责任前往北美某个所谓的"无神"城镇。你离开了你的耶路撒冷，带着使命感去了巴比伦。你自认为能够回答那些"世俗"之人所有未被解答的问题，你带着答案去了。然而没过多久你便意识到，这些问题并不是未被解答，而是根本无人发问。它们根本不是问题。也就是说，你的"世俗"（secular）邻人们并没有在寻找"答案"——那些已经从其精神地图中消失的信息。相反，他们有着全然不同的地图。你意识到，你的邻人们有各种各样的渴望和"规划"，以及对意义的探寻，却早已不被关于上帝或来世的问题所困扰。他们的生活中似乎并无"缺失"——所以你根本无法宣告好消息，即"那一位"能够填满他们心中"上帝形状的窟窿"（God-shaped hole）。他们压根没有意识到自己所建构的"世俗"生活有何缺失。他们已经以很多种方式织就了意义之网，这张网能够提供几乎所有他们在生活中所需要的意义（虽然很多事情都取决于这一"几乎"）。

可以说，面对这种状况，你从前的方法已经不管用了。你以为你搬到了一个除了缺少上帝之外与你的世界并无二致的地方；但事实上，你来到了一个完全不同的世界。原来这里完全**不同于**使徒保罗经验中的亚略巴古（见《使徒行传》第 17 章），那里的人们崇拜形形色色的神祇，而你要做的是在他们的万神殿中宣扬独一真神。不，无数人已经努力建构了一个根本不为上帝问题所困扰的意义世界——虽然这个世界有时仍会为那个"几乎"所**烦扰**。你的邻人们居住在一个查尔斯·泰勒（Charles Taylor）所说的"内在框架"（immanent frame）中，他们不再将"上帝问题"**当作**一个值得担忧的问题，因为他们皆是"无求于外的人文主义"（exclusive humanism）的信徒——一种无需超验性（transcedence）便能够提供意义的生存方式。他们并不觉得缺少了什么。

因此，在一个世俗时代作见证意味着什么？有信仰又意味着什么？我们在多大程度上已经不知不觉接受了这个世界的趋向？一方面，这引发了如何理解无求于外的人文主义者的问题。另一方面，问题又返至教会：信仰者在多大程度上，正在**像这类人文主义者那样**"信仰"？

这些正是本书要回答的问题。你可以把本书看作一项博士研究——一份关于你所居住并在其中履行牧职之世界的哲学民族志。你也可以把我看作这个新世界的助理讲解员——跟随着主向导查尔斯·泰勒,他的《世俗时代》(*A Secular Age*)[*]一书正是你不知道、但你真正需要的资源。

然而,也许上面描述的并不是你。也许你认为自己是"世俗的"——可能是一个无神论者,或至少是个不可知论者(agnostic),通常完全不关心上帝、宗教或教会这类东西。这并不是说你"离开"了信仰或杀死了上帝;他从未存在于布鲁克林这个你视作家乡的地方。事实上,在你的生活圈子里,灵性(spirituality)或超验这类问题从来都没出现过。这个实存的(existential)世界是平面的。你生活在其上。让我们继续。当然,我们都试图"找到"意义或"制造"意义,并且茫然地尝试弄清这一切到底是为了什么。但是拜托:这并不意味着我们就得相信童话。

这便是你始终无法理解你在《时代》杂志或《纽约客》上读到的那些人的原因,他们好像是**超级**敬虔人——根本无法想象上帝是不存在的。他们好像住在另一个世界。

你的一个朋友开始阅读玛丽·卡尔(Mary Karr)的回忆录,甚至开始接触天主教。几个月后,她邀请你在平安夜去圣帕特里克主教堂,你开始想这肯定是某种治疗方法,一种自我治疗的净化方式。但你自己却不愿参与。所以你选择一个人待在家,端着一杯波本威士忌,不知不觉间,耳边隐

---

* 本书中译本主要参考查尔斯·泰勒:《世俗时代》,张容南、徐志跃等译,上海:上海三联书店,2016 年。该书引文个别地方有修改或是重译,以下不再另外注明。——编者注

约传来"邮局乐队"（The Postal Service）一首充满怀旧气息的歌曲。你知道这首歌，轻浮的旋律使你认为它不过是靡靡之音，但当你继续往下听，却好像第一次听到它一样，突然之间你感觉自己沉浸在歌曲之中……

> 我的目光透过玻璃
>
> 光线在裂纹处弯曲
>
> 我用尽全身力气叫喊
>
> 假装回声仍有所属——
>
> 属于一位旧相识

……你被这首歌所表达的渴望、某种从你意识深处涌出的情感所包围，并且发现自己在哭；你觉得愚蠢却又无法停止，于是想把责任推给酒和孤独，可是在眼泪之中，你却感觉到某种遥远喜悦的奇怪味道在召唤着你，而你不知该如何是好。

那么，这本书也是送给你的。

一方面，这本书是关于一部学术巨著的小型指南。[1]它是对查尔斯·泰勒的不朽名著《世俗时代》的致敬和入门之

---

1. 把它想象成利奥塔（Jean-François Lyotard）遇到沃克·珀西（Walker Percy）；福柯（Michel Foucault）融合了弗兰纳里·奥康纳（Flannery O'Connor）；克尔凯郭尔（Søren Kierkegaard）的《当下的时代》（*Present Age*）与本雅明（Walter Benjamin）的《拱廊计划》（*Arcades Project*）交锋。

作。《世俗时代》一书提供了关于世俗的谱系学以及有关我们焦虑（angst）的考古学。本书是对《世俗时代》一书的评注，而《世俗时代》又提供了对后现代文化的评注。

另一方面，这本书也意在成为另一种指南——指引我们如何（不去）生活在一个世俗的时代。在终极意义上，这是一场关于自我理解的冒险，一条在"世俗时代"中找到我们方向的道路——无论"我们"是信仰者抑或怀疑者。无论我们是要对世俗化的世界宣告信仰，还是迷惑于何以到今天还有信众存在，查尔斯·泰勒都有一个故事要讲，要帮助我们找到自己的位置，并且发现何为迫在眉睫之事。泰勒的研究中**这一**实存的方面，显然早已被淹没在一堆历史、脚注及离题的讨论中。因此，我希望能提炼并突出其讨论中的这一方面，因为我觉得它很重要，对这样的信仰者而言尤为重要——他们不仅想要在世俗时代**中**持守信仰，而且要**向**世俗时代见证上帝。

就泰勒这部著作的重要性及原创性而言，我是其坚定和公开的拥护者。我认为，《世俗时代》是一部对我们全球化、城市化和多元化之当下深刻而富有洞察力的论述。任何人如果能够体会泰勒的论证视野和力度，都会意识到他一直在阅读我们的后现代邮件。他对我们"交叉压力"（cross-pressured）状况——悬置在对内在性的隐忧和对超验性的记忆之间——的说明，在我们的经验背景中认出并解释了我们所无法描述的那种模糊的喧嚣。

我为这本书预设了几种读者，因为我相信《世俗时代》

这是一本为实践者撰写的哲学手册。为了翻译并解释泰勒之学术论证的含义，令其能够为实践——特别是教牧实践——所用，我将会使用一些类似这样的标注，以提出供读者反思的问题，以及思考《世俗时代》对信仰实践的应用价值和内涵。

包含了几种不同的关注。我希望本书能够成为关注当代世界中的世俗化及宗教议题的社会科学研究者、神学家、哲学家和宗教研究学者的资源。

但事实上，我的首要读者是那些更关注实存问题的人。我希望这本书能够帮助各种不同的"实践者"理解泰勒的分析——我指的是我们之中那些生活在这一文化时刻，像泰勒所鉴别的那样，感觉到交叉压力、不安和"脆弱化"的人们，他已然从"俏妞的死亡计程车"（Death Cab for Cutie）* 和大卫·福斯特·华莱士（David Foster Wallace）** 那里吸收了我们世俗时代的精神地图。他们可能是艺术家或企业家，编剧或设计顾问，咖啡师或政府雇员——然而他们都已觉察到泰勒所试图揭示的问题：我们的"世俗"时代实际上比很多人希望我们相信的糟糕得多；超验性与内在性混淆在一起；信仰变得难以想象，而任由自己坠入深渊则更加难以想象；他们需要在这一"世俗"空间之中制造意义，而不是接受那些带着愤恨逃离其中的各种方

---

* 美国另类摇滚乐队，于 1997 年成立于华盛顿。——译者注
** 美国当代著名作家，擅长写小说及短篇故事。——译者注

案。我想到我那些朋友们,他们住在布鲁克林和伯克利、芝加哥的柳条公园和曼哈顿的中央公园旁边、多伦多和温哥华,以及密尔沃基和博尔德;他们一直在努力塑造有意义的、但却始终被世俗时代的幽灵所困扰的生活。

　　这些朋友中有牧职人员和社会工作者,他们在一个世俗时代中从事"宗教"工作。多萝西·戴伊(Dorothy Day)*的继承者们以及一个几乎不再可信之故事的传讲者们,拒绝撤退至共享的可信性结构(plausibility structures)的同质地带。事实上,他们正是本书的核心读者,因为我相信泰勒的分析能够帮助他们更好地理解他们在其中宣讲信息的处境。在许多方面,泰勒这部巨著可以被视为一部向城市宣讲的文化人类学著作。

　　与此同时,泰勒的论述还应该能够发挥镜子的功能,唤醒和帮助教会看到一直以来我们是如何居住在世俗时代的。泰勒不仅有兴趣了解"世俗"如何出现,他对我们今天如何皆成为世俗者亦有敏锐的观察。世俗无处不在。它不仅令**不信**成为可能;它更能**改变信念**——它大大影响基督教(以及一切宗教群体)。因此,泰勒的论述还揭示出基督教被同化的根源及程度——以及我们何以培养出抵抗力的线索。

　　最后,我认为泰勒为文化分析及理解提供了一部词典。因此,我在书中以**加粗楷体突出**了他某些独特的术语及表达**,

---

* 　美国记者、社会活动家、天主教徒。——译者注

** 　加粗楷体表示本书作者突出泰勒某些独特术语,而本书中的黑体,除非特别说明,均是作者本人所强调的内容。——编者注

因为我觉得它们可以作为有用的速记法引入我们的词库——哪怕是忙碌的专业人士的词库。在本书后面所附的术语表中，你可以找到它们的准确解释，以便读者可以理解泰勒的专业术语。这个术语表亦有助于读者跟上泰勒的论证思路——一种在阅读过程中迅速调整自己方向的方法。

我的目标是提供简洁的评注，以浓缩的方式梳理出泰勒论证的思路与逻辑。你也可以说，我在尝试给读者绘出《世俗时代》这片森林的地图，希望能够提供方向。这样，他们便能够进入泰勒的"巨著大森林"，并观察到那里的每一棵树。在简明概括与总结其论证和分析的过程中，我也尝试以能够突出其实存意义的方式解释泰勒的某些观点。有时我也会通过提供一些当代文化中的流行语和例子来引起年轻读者的共鸣。虽然这本书也可以被那些无力啃完一部巨著的人单独拿来阅读，但根本上来说，它仍是《世俗时代》这艘母舰的一只护航船。而对那些将此书用作导读的读者，本书的结构与泰勒的著作平行：本书的五章分别对应《世俗时代》的五个部分；而在每一章里面，我的分节也大致对应泰勒的编排。

*　　*　　*

本书的核心内容来自我教学生涯的精彩时刻之一：2011 年开设的一门高年级研讨课，其主题是精读泰勒的（整部！）《世俗时代》。我极为感激修读这门课的优秀学生们，他们不仅努力读完了一部艰深的巨著，更帮助我理解了这本书何以能够触动他们，并赋予他们用来理解其当下处境——包括他们的隐忧——的范畴和语言。正是他们对这本书的回应使我相信，撰写这样一本导读能够帮助别人。

我对克里斯·甘斯基（Chris Ganski）和罗布·约特拉（Rob Joustra）深表感谢，他们在百忙之中阅读了本书的初稿。如果本书能够帮助到一些读者，很大程度上要归功于他们的反馈与建议。

我同样要感谢埃德曼（Eerdmans）出版社的两位编辑，乔恩·波特（Jon Pott）和迈克尔·汤姆森（Michael Thomson），他们愿意出版这样一本书，并耐心等待我完成。

像往常一样，本书的写作受到了背景音乐的影响——大急流城各家咖啡馆的艺术家们伴随着我的写作。在泰勒的精神中，我被那些反映我们世俗时代的隐忧、交叉压力和鬼鬼祟祟的好奇等特征的唱片所吸引。所以，如果读者们想找到契合这本书情绪的音乐，可以选择欣赏"邮局乐队""俏妞的死亡计程车""海湾之狐"（Fleet Foxes）等乐队的作品；我特别推荐"拱廊之火"（Arcade Fire）那张包含了独特而完整思考的唱片：《郊外》（*The Suburbs*）。

导论　交叉压力：生活在一个世俗时代

帕斯卡尔知道蒙田在撒谎：

对大多数人而言，对更高存在的好奇心是天生的，

而对其漠不关心才需要学习。[1]

绘制当下时代的地图

想象一幅关于我们之当下——或如克尔凯郭尔所称"这个当下的时代"——的地图。我们在其中发现自己身处现代性晚期的实存地带，其地形是何样貌呢？哪里是绝望的山谷和极乐的山峦，哪里又是陷阱与死胡同？隐忧之所和怀疑的区域各是什么？哪里又是意义的空间？它们是否

---

1. Mark Lilla, "The Hidden Lesson of Montaigne," *New York Review of Books* 58, no. 5 (March 24, 2011): 20, 评论 Sarah Bakewell, *How to Live; or, A Life of Montaigne in One Question and Twenty Attempts at an Answer* (New York: The Other Press, 2011)。

藏在那些隐秘之处，抑或一直就在我们周围，等待着被发现？我们应该去哪里寻找那些似乎仍存在超验性痕迹的"刀锋之地"（thin places）？* 还是说它们已然消失，支离破碎并让位于进步与发展？电影《情归新泽西》（*Garden State*）中用俗套的抛弃来刻画的实存之深渊，究竟在何处？

　　我们能否想象一幅关于我们世俗时代的实存地图，借此可以真正帮助我们定位自身，让我们能够感知身在何处？

　　就像那些在威尼斯的沙滩上兜售明星居所地图的小贩一样，我们从不缺乏为世俗时代引路的声音。比如自信的"新无神论者"（new atheists），以一种新的虚张声势描绘了我们身在何处。通过采用一种知识上的殖民主义，新无神论制图师们重新命名了我们的整个经验领域，并令其附属于自然科学和经验的解释，用祛魅（disenchantment）的方式令世界变得扁平。（诸神的坟墓从来都是这一旅程的重点。）与此同时——有时作为一种反作用——各种各样的基要主义/原教旨主义（fundamentalism）则致力于向我们兜售通往过去之宝藏的地图，它们掏出已经泛黄的羊皮纸，试图让我们相信这些古老的地图能够告诉我们关于我们自身以及我们当下的真理。可是他们的地图也同样是平面的，而且我们隐约觉得他们在隐藏什么。我们感觉自己经验中整片

2

---

* 在凯尔特基督教中，"刀锋之地"意指天地之间的距离格外接近的地方，亦是人离上帝最近的地方。——译者注

整片的区域他们却从未涉足——就好像因为他们去过了麦迪逊广场花园*，便声称绘制了曼哈顿的地图。谁会去买**这种地图**？

这两种地图都不是合用的工具。作为道路图，它们仅仅标出了破败的大道以及现代晚期的商业街和州际公路，却漏掉了当下实存的荒野——那些我们因为实存眩晕而不辨方向的地方。当我们发现自己迷失在一个世俗时代，被怀疑或者信念所烦扰，被黎明前对机器幽灵的恐惧或一种偶像黄昏的模糊意识所缠绕时，这些简明整洁的彩色编码道路图毫无用处。这些非此即彼的道路图——将信与不信**对立**，宗教与**世俗主义对立**，信仰与理性**对立**——较之我们身处其中的空间来说过于简单了。它们给了我们一个具有几何学精确性的世界，却没有绘制出我们生存经验中的世界，那里的事物模糊得多，并且相互交织在一起——"世俗的事物"和"宗教的事物"在相互替代、相互边缘化对方的共舞中彼此缠绕。

想要找到自己的坐标，我们所需要的不是一张简约的道路图，而是一张关于我们世俗时代的、详尽的地形图——一张立体的地势图，其中的等高线能够帮助我们在怀疑的困惑[2]，甚至是我们信仰的困惑中找到自己。一张实存的地

3

---

* 麦迪逊广场花园，美国纽约市曼哈顿区的室内体育馆，为该市地标性建筑之一。——编者注

2. 值得注意的是，在莫里亚克（Mauriac）的《蛇结》（*Vipers' Tangle*）一书中，为怀疑所困扰的正是唯物主义者。

势图能够令我们感知到我们的脚下似乎正在发生改变的大地。它能够帮助我们理解我们世俗时代那错综复杂的地形，以及我们世俗渴望的曲线。通过展示深度和高度、上升和下降，一张实存的地势图为承认那些超验性的难忘之事留下了空间，这些事情时常在我们原本是属世的祛魅中悄悄接近我们。与此同时，这样一张标有等高线的实存地图还应该能够帮助我们感知到令人窒息的内在性，现代晚期的实存都以这种内在性为特征，甚至对于"信仰者"亦是如此。

　　查尔斯·泰勒的《世俗时代》正是这样一本书。[3] 但当你看到书架上那本九百页的皇皇巨著时，你可能不会猜到这一点。埋藏在冗长的历史叙事和哲学分析之下的，是一幅关于我们当下的实存地图——一个应该也属于咖啡馆和起居室，而不只属于演讲厅和研讨室的论证。《世俗时代》在其最深处所画的，较之社会科学研究者和哲学家而言，更像是加缪（Camus）和"俏妞的死亡计程车"这类人所绘制的地图。事实上，有一种在根本上是文学性的，甚至是诗意的东西，存在于泰勒对我们的"世俗时代"——这个我们在其中发现自己，信仰者在其中被怀疑所困扰，而怀疑者却时常被信仰所诱惑的多元化和压缩的时代——随笔般的论述中。[4] 正是泰勒的复杂性、微妙性和对诸种简单化约论

---

3. Charles Taylor, *A Secular Age* (Cambridge: Harvard University Press, Belknap Press, 2007). 此书的引文将会直接在正文中标出，偶尔为了避免与泰勒的其他著作混淆，我会将《世俗时代》的书名置于引用页码之前。

4. 在下文讨论泰勒的计划时，我们还会回到"故事"之核心性的问题。

（reductionism）的拒绝，令他成为一位可靠的绘图者，能够为我们的世俗时代提供真正的方向。《世俗时代》是全球化的哥谭市*地图，一份关于我们当下的哲学民族志。

被萦绕的内在性

泰勒命名并指出了我们时代最优秀的作家、诗人和艺术家都证实的东西：我们的时代为过去所萦绕。一方面，我们生活在黄铜般的苍穹下，安坐于内在性中。我们生活在众神和偶像的黄昏。然而他们的幽灵却始终拒绝离开，因此我们时常会惊讶地发现我们自己被信仰以及超验性的暗示所诱惑。甚至泰勒所说的**内在框架**（immanent frame）也被过去所萦绕。另一方面，即便信仰在我们的世俗时代仍然存在，实践起来却不容易。信仰是充满顾虑的；信仰总是伴随着一种无法逃避的对其竞争力的担心。我们不是以信仰代替怀疑；我们信仰**并同时**怀疑。我们都是多马（Thomas）。**

这本书所押注的——正如泰勒《世俗时代》一书的开场白——是我们中的大多数人都生活在这个交叉压力的空间，在其中无论是我们的不可知论还是我们的虔信，都是对方挥之不去的幽魂。如果我们仅有的向导就是新无神论者和宗教原教旨主义者，那么我们永远都不会知道这样一个

---

* 哥谭市（Gotham），美国 DC 漫画中的虚构城市，为罪恶之都，是蝙蝠侠大多数故事的发生地。——编者注

** 即耶稣的十二门徒之一多马。根据《约翰福音》20：24 - 29 记载，多马在听到耶稣复活的消息后表示怀疑，直到耶稣在他及众人面前显现，并向他展示自己手腕和肋旁的伤口（因被钉十字架而留下）后，多马才相信。——译者注

巨大的、被你争我夺的地带曾经存在过，即便我们中的大多数人每天就生活在这个空间内。但是一旦我们将原教旨主义者绘制的平面地图放在一边，拾起一张如《世俗时代》这样详尽的实存地势图，我们便找到了一个指南，能够与我们幽灵萦绕下的内在框架所发出的回响合拍。这样一个指南之所以对我们的处境"有意义"，并不是通过以说教的方式解释它，当然更不是通过解释来**消除**它，而是通过我们可以用来为所**感受**到的事物命名的语言。

这也正是为何泰勒在这一使命中的亲密伙伴多是小说作家的缘故。比如，我们可以将朱利安·巴恩斯（Julian Barnes）的《无所畏惧》（*Nothing to Be Frightened of*）视为另一个关于我们世俗时代的实存地图。这本书的写作是为了回应他所谓的"死亡叫醒电话"（*le réveil mortel*）——他从法国评论家夏尔·迪·博斯（Charles du Bos）那里借用了这个词。在巴恩斯看来，就这个短语而言，最先出现的、笨拙的翻译始终都是最好的翻译。虽然"'死亡叫醒电话'（the wake-up call to mortality）听上去有点像某种酒店服务"，但事实上这个翻译的隐喻正好切中了要害："它**确实**好像身在一个并不熟悉的酒店房间，闹钟响起的时间还是上一位房客所设；你在三更半夜突然被从睡梦中拽到黑暗之中，惊恐万分，并强烈地意识到这是一个租来的世界。"[5] 正是这种突

---

5. Julian Barnes, *Nothing to Be Frightened of* (London: Jonathan Cape, 2008), p. 23. 正文接下来几段中引用的内容皆来自这本书。

然出现的叫醒电话曾经被很多人经验到，即便是在一个"世俗的"时代。

《无所畏惧》是巴恩斯与这个死亡叫醒电话搏斗的方式，这个电话似乎在他年轻的时候便已经将他从睡梦中惊醒，并且自此之后一直困扰着他，就好像他始终无法改变酒店房间的闹钟设置。然而，他将这件事作为一个挑战接受下来，即尝试找到那些即便无法理解、但至少可以清楚表达死亡叫醒电话的语言——一个死亡向他提出的真正的挑战。他曾一度认为自己无法应对这个挑战：

> 就在几天前的一个夜晚，那个闹钟再次响起，我就像被草耙抛进意识之中，惊醒、感到孤独，全然孤独。我用力捶打枕头并不停地哀号，"噢不，噢不，噢不。"那时的恐惧——有几分钟——淹没了在一个客观的见证者看来也许只是一场矫情自怜的可怕表演。同时，这也是无法表达的：因为时常令我感到羞愧的是，从我的口中完全无法找到用以描述或回应这种感受的语言。我对自己说，看在上帝的份上，你是个**作家**。你就是吃**语言**这碗饭的。你就不能改变一下这种局面吗？你就不能直面死亡——好吧，你永远无法直面它，但你就不能至少反抗一下它——让事情比现在这样更有趣一点吗？（第 126 页）

巴恩斯自己认为是福楼拜（Flaubert）找到了关于性的

语言；埃德蒙·威尔逊（Edmund Wilson）认为是劳伦斯
（D. H. Lawrence）最终发现在英语中关于性的语言。我们
也许可以认为，巴恩斯写作了一本接受挑战的书，尝试能
够找到一种关于死亡的语言。在他手中，关于死亡的语言
是民主的——这样说是有道理的，因为死亡面前人人平等
（谈论"合众为一"*！）。此外，正像很多人所预料的那
样，巴恩斯所使用的关于死亡的语言极为风趣。但它始终
是一本令人感到焦虑不安的词典，永远无法完全摆脱超验
性的幽灵。

"我不信上帝，但是我想念他。"此乃这本书的开篇之
语，被作者的哲学家伙伴形容为"多愁善感的"。尽管其论
述仍很世俗，以至于对很多生活在曼哈顿和西雅图之外的
美国人来说甚至会感到陌生（"我从未受洗，从未上过主日
学。在我的一生中，我从来没有参加过一次常规的教会礼
拜"［第 15 页］），但巴恩斯关于死亡的沉思并不只是世俗
化的。关于死亡和消失这类问题不可避免地会引出关于
永恒和来世的问题，接着你很快会发现自己已经触及关于
上帝和神学的问题。巴恩斯跟随着这些问题前行，并且表
现出他那一代人中已难见到的对基督教一些精微之处的
理解。这并不意味着他对自己的不可知论有所隐藏。作为
反理想化人物传记的一部分，巴恩斯在书中表达了对人们
如何转向无神论及不可知论的兴趣，并询问自己的家人和朋

6

---

* 原文为拉丁文 *e pluribus unum*，是美国国徽正面的格言。——译者注

在人类学家塔尼娅·鲁尔曼（Tanya Luhrmann）被广泛讨论的《当上帝回话时》（*When God Talks Back*）一书中，他问道："如果你能信上帝的话，你为什么不信呢？"与此同时，她也承认："信上帝确实不易。"生活在世俗时代即是生活在这个空间和张力之中。**这对世俗时代中的基督徒见证意味着什么？我们如何认出以及肯定信的困难？**

友何时以及因何丧失了自己的信仰（就好像新归信的朋友也对我何时——具体哪天，什么时间——成为基督徒感兴趣）。巴恩斯自己关于这一问题的见证完全是关于青春期的，也是全然坦诚的："我最终完全抛弃宗教的残余或可能性是后来的事了。当我还是一个正处于青春期的男生，在自家的浴室里弯着腰捧着某本书或杂志的时候，我时常告诉自己说，

上帝不可能存在，因为想到他正在看着我自慰是极为荒唐的；而更荒唐的则是想到我所有故去的先人也排成一排正在看着我……想到爷爷奶奶看着我干这事儿，一下子让我没了兴致。"（第16页）没有可作为证据的恶的难题；没有理智上对道成肉身教义的不满；没有对理性启蒙的诉求；只有一个诚实的自慰者关于一种相当实际的不可知论的告白。然而事实上，更令人感兴趣的则是巴恩斯对丧失信仰问题的成熟反思：

但当我记录下这件事的时候，我想知道自己为什么

没想到更多的可能性。我为何会认为如果上帝**确实**在看着我，他一定会不认可我这么做？为什么我不能说，如果上天看到我疯狂的、不停歇的自慰而没有塌下来，也许是因为上天并没有觉得这是罪？我也未曾想到关于我故去先人们的这种可能性，他们微笑地看着我正在做的事，说："继续，孩子，趁你还可以的时候尽情享受它，一旦你变成没有身体的灵魂就没法子了，所以为了我们再来一次。"（第 16 页）

　7

　　他因此坦承他和那些因为祷告未蒙应允而丧失信仰的人在自我批评之际，都有一些"轻率的无逻辑"，"我们之中没有任何人会思考一下，如果上帝存在，那么他的主要工作也许并非青少年热线、产品供货商或惩罚自慰者。不，和他一刀两断！"（第 45－46 页）

　　与很多乐于一有机会就讽刺宗教的世俗主义作家不同，巴恩斯不做这类简单的事。他同时也拒绝去宗教化。事实上，不可知论者巴恩斯有时竟会成为一个令人惊讶的护教者，捍卫被认为是"保守的"宗教。他无法忍受所谓软弱无力的灵性，认为"将上帝重新定义成对你有用"完全是"荒谬的"（第 46 页）。在一次与邻居的聚会上，他听到一个年轻人讽刺地喊道，"为什么上帝应该为他的儿子做这样的事，而不为我们做？""因为他是**上帝**，拜托"（第 77 页），巴恩斯朝那个年轻人吼道。作为不可知论的先知，他强烈批判英国国教会中精致高雅的拜偶像行为，其方式竟然与枢机主教纽曼（Cardinal Newman）*对"自由主义"的著名批判如出一辙："这是毫无意义的，"巴恩斯说道，"如果宗教信仰仅仅是每周一次的社交聚会（当然，是在正常的每周社交活动的欢乐之外），而不是从中得知如何去生活，并能够将你的整个生命染上颜色。"（第64页）不久之后他又再次回到了这个比喻："除非你和宗教信仰都是严肃的——**真正**严肃的——除非你的宗教信仰充满、指引和维系你的生活，使生活沾满它的颜色，否则它有何意义呢？"（第81页）如果年轻的巴恩斯认为一个在乎他裤子上染渍的上帝不可能存在，那么年长的巴恩斯则认为唯一值得拥抱（和拒绝）的宗教信仰，是浸染一切的宗教信仰。

阅读《无所畏惧》一书，很难绕开道金斯（Dawkins）、丹尼特（Dennett）、哈里斯（Harris）和希钦斯（Hitchens）等"新无神论的"畅销书作者。但巴恩斯并不会被收录在下一版的《无神论者的口袋书》（*The Portable Atheist*）中。不同于伊恩·麦克尤恩（Ian McEwan）和萨曼·拉什迪（Salman Rushdie）（他们都是被希钦斯收录的作者），巴恩斯缺乏新无神论者那种原教旨主义式的招摇。他尤其缺乏他们论资排辈的习气以及他们在认识论上的自信：

---

* 即约翰·亨利·纽曼（John Henry Newman, 1801–1890），英国圣公会神学家，牛津运动（Oxford Movement）发起人之一，后改宗天主教，并成为枢机主教。——译者注

如果二十岁的时候，我称自己为无神论者，五十岁 8 及六十岁时是不可知论者，那么并不是因为在此期间我获得了更多知识：仅仅是更意识到自己的无知。我们怎么敢肯定自己是正确的？作为21世纪的新达尔文主义唯物论者（neo-Darwinian materialists），相信生命的意义与机制只是在1859年之后才完全为人所了解，我们认定自己比那些早我们出生的轻信者聪明；他们跪拜上帝，相信神意（divine purpose）和一个井然有序的世界，以及复活和最后的审判。然而尽管我们获得的知识更多，但我们并没有更为进化，而且显然也并不比他们更聪明。那么是什么使我们相信自己所知道的就是最终确定的呢？（第23-24页）

因为对自己的知识有所怀疑，巴恩斯并不抗拒以玩笑的方式，牺牲我们那些著名的无神论者去构想一个上帝的游戏：

如果存在着一个玩游戏的上帝，那么他肯定会从哲学家们的失望中获得顽皮的乐趣，这些哲学家努力说服自己和别人上帝并不存在。艾耶尔*向毛姆**保证

---

* 艾耶尔（A. J. Ayer, 1910-1989），英国哲学家，代表作是《语言、真理与逻辑》。——译者注
** 毛姆（Somerset Maugham, 1874-1965），英国现代小说家，剧作家。——译者注

死后什么都不存在,可是死了之后,他们发现自己原来
是上帝导演的一出小恶作剧中的演员,这出剧名叫《观
看无神论者复活后的愤怒》。对拒绝上帝的哲学家而
言,这是个清楚的困境:你是宁愿死后什么都没有,而
你被证明是正确的,还是死后有个奇妙的惊喜,而你的
学术声誉却毁于一旦?(第 208 页)

简而言之,巴恩斯断没有糊涂到去宣称"宗教毒害了
一切"。

不出意料,巴恩斯是在美学领域真正理解了被幽灵萦
绕的内在性。[6]巴恩斯对宗教艺术的欣赏——包括音乐和绘
画——是这本书最为精彩的部分之一,并且这种欣赏让他
有点吃惊。他坦白地说:"对我而言,对上帝的想念主要集
中在面对宗教艺术作品时,想念那种对目的和信念的潜在
感受。"(第 54 页)他似乎对关于上帝存在的**美学**论证有点
好奇——如果不是对其产生了兴趣的话——尽管这一论证
并不包含在阿奎那(Aquinas)的"五路论证"中:宗教可能是
真实的,只是因为它是美的。巴恩斯指出:"基督宗教能够
存在如此之久,并不仅仅是因为每个人都相信它。"(第 53
页)它能够一直存在,是因为它创造了一部伟大的小说——
这种说法非常类似于托尔金(Tolkien)的观点,即福音是真

9

6. 我之所以说"不出意料"是因为,正如我们将在下文中看到的,泰勒也将艺
术视为在世俗时代的交叉压力下具有特殊重要性的领域。见《世俗时代》,
第 605－609 页。

实的，因为它是迄今为止最奇妙的幻想作品、最伟大的神话故事。[7] 而巴恩斯作为音乐和绘画的狂热爱好者，很清楚许多他所欣赏的作品之所以能够存在，应归功于基督教。如果没有福音的疯狂，莫扎特（Mozart）永远写不出一首安魂曲，乔托（Giotto）也不可能留给我们帕多瓦教堂中的瑰宝。因此他发现自己问道，"如果它是真的呢？"——一个从未被新无神论学说的阐述者关心过的问题。他问道，将莫扎特的《安魂曲》（*Requiem*）当作非虚构作品来听，会是怎样的呢？[8]

在这种对超验之灵的开放性中，巴恩斯始终是福楼拜的好学生，他评价后者说："他虽然并不信仰宗教，却看重属灵的力量，并对好战的无神论有所怀疑。他写道，'我排斥任何一条教理（dogma），但我认为产生它们的那种感情，却是人性最自然和最诗意的表达。我不喜欢那些将其斥为愚蠢和谎言的哲学家。因为我在其中发现的是必然性及本能。因此，我尊重亲吻其神像的黑人，正如我尊重在圣心像前屈膝跪拜

---

7. 见 J. R. R. Tolkien, "On Fairy-Stories," in *Tree and Leaf* (London: Harper-Collins, 2001), pp. 3 – 80。

8. 不幸的是，在这一点上，巴恩斯建构了一种错误的二分法，他推测说："比起美学，基督徒本会……更关注真理。"这种区分从何而来？人们也许会说对道成肉身的狂热取消了这种二分法，道成肉身的逻辑过分地主张真理与美彼此相亲（比较《诗篇》85：10）。接受其为真，并不意味着胜过了美；接受它为非虚构的，并不意味着将艺术去美学化，即将其化约为一本教科书。然而，尽管巴恩斯的二分法有所不妥，但是就他接受这些艺术作品具有比（仅仅是）美学**更多**的含义这一点而言，他仍是值得赞赏的。他总结说："对不信者而言，挥之不去的猜想之一是，'假如它是真的'会是怎样。"（第54页）

的天主教徒一样。'"（172页）巴恩斯的福楼拜式的自我怀疑，正是其有趣及迷人之处——并非因为它为信仰提供安慰或支持，而是因为它证明了成为一名无神论者而非原教旨主义者的可能性。怀疑者的怀疑就是信念；他的诱惑就是信仰，而且是一种即便身处世俗时代仍未被完全消除的诱惑。[9]

怀疑超验性

然而萦绕的幽灵是双向的，这正是我们世俗时代中的宗教文学始终被怀疑的幽灵所萦绕的原因。正如泰勒所形容的那样，在阿米什人小说（Amish fiction）和迪士尼化的圣经故事之外，当代文学中的信仰者已经被**脆弱化**了。弗兰纳里·奥康纳（Flannery O'Connor）作为一个民族志作家记录了"基督教的"南方，然而那个世界同样也被反基督的幽灵所萦绕。正如保罗·伊利（Paul Elie）所注意到的那样，在20世纪的小说中，我们看到的是"常去教会的人让位于常去影院的人"。[10]

---

9. 这一点在莫里亚克的《蛇结》中有所描述，见 François Mauriac, *Vipers' Tangle*, trans. Warren B. Wells（New York: Image/Doubleday, 1957）。在一个克里斯托弗·希钦斯式的提前嘱托中，吝啬的路易斯警告他的家人说，如果在他临终之前要打电话找一位神父的话，那么他们要把这当作仅仅是他非理性的脆弱之语。但他之后忏悔："相反，恰恰在我带着胜过厌恶的好奇审视我自己的时候——正如我在过去两个月所做的；恰恰当我感觉自己最完整地拥有我全部能力的时候，基督教的诱惑却折磨着我。我无法再否认在我之中存在着某种道路，它也许能够将我带往你们的上帝。"（p. 104）

10. Paul Elie, *The Life You Save May Be Your Own: An American Pilgrimage*（New York: Farrar, Straus and Giroux, 2003），p. 320. 当然，其暗指的是 Walker Percy, *The Moviegoer*（New York: Vintage, 1998[1961]）。

泰勒所描述的"世俗"——一种与信仰存在根本竞争的状况，在其中可以感觉到这个对手的故事试图为世界提供一种非常不同的说明——正是推动弗兰纳里·奥康纳创作小说的动力。正如她在一封信中谈到她的小说处女作时所说：

> 我并不认为你应该在一部小说的篇幅里去谈论关于你和其他人最严肃的关注之外的东西，对我来说，它永远是两者之间的冲突：一方是对神圣者的爱慕，另一方是我们在其中所呼吸的时代空气的不信。信仰一直不是件容易的事，但在我们生活的时代更是如此。我们中的有些人在这条路上的每一步都必须为信仰付出代价，以及必须用引人注目的方式告诉人没有信仰会怎样，没有它究竟是否可能。[11]

甚至当一种信仰想要见证或者传播时——正如奥康纳所做的那样——也必须从这个地方**开始**。事实上，回想一下过去五十年宗教文学中的**人物**，从格雷厄姆·格林（Graham Greene）的道貌岸然的神父，到沃克·珀西的托马斯·摩尔医生，再到伊夫林·沃（Evelyn Waugh）的查尔斯·

11

---

11. 转引自 Elie, *The Life You Save*, p. 155。在另一个场合，沃克·珀西（Walker Percy）曾经描述道："当被如此问到的时候，就是直截了当地被如此问到：'你为何是天主教徒？'我通常回答说：'还有其他选择吗？'"（"你为何是天主教徒"，见 Walker Percy, *Signposts in a Strange Land*, ed. Patrick Samway [New York: Picador, 1991], p. 307。)

赖德,甚至是玛丽莲·罗宾逊(Marilynne Robinson)的小说《基列家书》(*Gilead*)中的新教牧师,没有一个人的形象符合新无神论者的草包假想敌或原教旨主义者的那种自信。他们的世界和我们的一样充满忧虑——甚至比伊恩·麦克尤恩和乔纳森·弗兰岑(Jonathan Franzen)所创造的非宗教的、去超验性的世界**更**明显地充满忧虑。

伊利在他的传记四部曲中浓缩了一个世俗时代中信仰的命运,并很好地概括了这种效果:

> 我们如今都是怀疑论者,无论是信仰者还是不信者都如此。没有一种真正的信仰在任何时间、地点都是显而易见的。每个宗教都是许多宗教中的一个。关于任何一种正统信仰的清晰界限,都为我们的经验所扭曲,亦都被我们的生活所复杂化。信仰者和不信者都在同一个困境中,在复杂的环境中被抛还给他们自己,寻找神迹。一直以来,宗教信仰都在启示与投射之间、神圣与人类的脆弱之间提出自己的主张;然而关于证据的重负,也就是信仰的重负——其一直以来都为社会所提供——现在被重新加诸信仰者,亦即它本来的拥有者。[12]

虽然泰勒会将最近的个人主义的兴盛复杂化,但他的

---

12. Elie, *The Life You Save*, p. 427.

诊断与描述是相同的：没有回头路。热情和虔诚都无法逆转可信性结构的改变，而后者是我们时代的特征。没有取消世俗的方法；有的只是学习如何（不）在一个世俗时代生活甚至有信仰。

对非信徒来说，也许很难想象有些信徒会欢迎这种局面。例如，沃克·珀西欢迎取消基督教王国（Christendom）。 12
在写给他的终生挚友谢尔比·富特（Shelby Foote）的信中，珀西若有所思地说："基督教王国不可能甚至不应该再存在了。如果基督徒相信这种王国，那是他们的事，但他们应该意识到，这个世界在很大程度上已经转向了。如今基督教王国这种东西不再存在了，而且正像克尔凯郭尔所说的，可能这样也好。"[13] 二十年后，他仍重复同样的观点，正如泰勒所形容的那样，有力地赞美"世俗"：他认为，"当下的时代比基督教王国更好。在过去的基督教王国中，每个人都是基督徒，且很少有人认真地思考它。但在今天这个时代，理论与消费的幸存者变成了沙漠中的旅人，就像圣安东尼（St. Anthony）那样；也就是说，对神迹（signs）开放。"[14] 正如泰勒所定义的那样，这是一种天主教式的对"世俗性"的拥抱，它证明在这个领域中不仅存在着理性的世俗主义者和愤怒的信仰者。

事实上，在泰勒的论述中，狂热的世俗**主义**并未理解和

---

13. Letter of February 3, 1971, in *The Correspondence of Shelby Foote and Walker Percy*, ed. Jay Tolson (New York: Norton, 1997), p. 154.

14. Percy, "Why Are You a Catholic?," p. 314.

接受世俗**性**。泰勒认为,在一些转瞬即逝的时刻,例如受到艺术作品的感染或世俗情感强烈爆发时,即便是世俗主义者也会感受到某种更多的东西——某种从我们在现代性中构建的内在框架中涌出(或压在其上)的**完满**(fullness)。以同样的方式,后现代的信徒也没有办法逃避那些相互竞争的故事,这些故事质疑信仰的基本故事。进化论心理学和**表现型个人主义**(expressive individualism)都存在于我们世俗时代的世界中,只有极少数英雄式人物能够奋力平息它们的聒噪,以创造一间能够令其信仰保持绝对确定的安全屋。[15]

根据泰勒的观点,我们的时代之所以是个"世俗的"时代,并非因为某个宗教参与度指数(或缺乏这种指数),而是因为所有这些彼此竞争之意义的表现形式。就好像主教堂依然矗立,但其地基早已被腐蚀了。相反,尼采式的梦却依然鲜活,罗素(Bertrand Russell)和孔德(Auguste Comte)的继承者们也在继续敲着他们的战鼓,而奥普拉(Oprah)和伊丽莎白·吉尔伯特(Elizabeth Gilbert)依然停留在畅销书排行榜上,托尔金的魔法也还是能吸引无数的观众。即便是像史蒂夫·乔布斯(Steve Jobs)这种现代晚期的英雄也不符合世俗主义的叙事。在为乔布斯撰写的传记中,沃尔特·艾萨克森(Walter Isaacson)记录了乔布斯临终前的一幕,它印

13

---

15. 事实上,这些例子中经常出现的状况是对一种竞争叙事某个方面的某种根本性认同——例如,美国共和政体中的个人主义——这个方面随后会被吸收进一种信仰的变异版本。

证了我们世俗时代的暧昧：

> 一个晴朗的午后，乔布斯感觉不太舒服，他坐在房子后面的花园里，思考死亡。他谈到大约四十年前他在印度的经历，他对佛教的研究，以及他关于转世和属灵超验性的观点。"我对上帝半信半疑，"他说，"在我一生的大部分时间里，都认为一定有超出我们所见的存在。"
>
> 他承认，当他面临死亡的时候，他可能更愿相信存在来世。"我愿意认为，在一个人死后有某些东西依然存在。"他说，"如果你积累了所有这些经验，也许还有一点儿智慧，然后这些就这么消失了，会有些怪怪的。因此我真心愿意相信，会有些东西存留下来，也许是你的意识。"
>
> 他沉默了很长时间。"但另一方面，也许它就像一个开关一样，"他说，"**啪**！然后你就没了。"
>
> 再度沉默了片刻之后，他淡然一笑。"也许这就是我从不喜欢给苹果设备加上开关键的原因。"[16]

在这样一种语境中，泰勒恰当地引用了佩姬·李（Peggy Lee）*的歌词："这就是全部了吗？"就这一主题而

---

16. Walter Isaacson, *Steve Jobs* (New York: Simon and Schuster, 2011), pp. 570 - 571.

* 佩姬·李（Peggy Lee, 1920 - 2002），美国爵士乐及流行音乐歌手、词曲作者、演员。——译者注

言，20 世纪 90 年代出自西雅图的几乎每首歌都可以被引用。例如，"邮局"乐队在《克拉克·盖博》（Clark Gable）这首古怪的挽歌中唱道：

> 我多么想相信
> 真理是存在的，爱是真实的。
> 我在每个字眼中渴望生命，
> 到了荒唐的程度。

14　　　或者我会回忆起"收音机头"（Radiohead）在威斯康星州的阿尔派恩山谷音乐剧院所开的音乐会，临近结束的时候你能够感觉到那种张力与矛盾。当汤姆·约克（Thom Yorke）*以怪诞的低音吟唱出"万物归其位"，与此同时"永恒"（FOREVER）一词在乐队背后的一块屏幕上循环闪烁，音乐自身产生了一种渴望与超验的感觉，它明显俘获了所有的观众。这些就是泰勒能够帮助我们理解的那些后现代的现象。当那些刻板的原教旨主义——无论是宗教的还是世俗的——吸引了众人的目光之际，我们应该注意的是那些转瞬即逝的怀疑与渴望、信仰与质疑的表达。这些有生命力的**交叉压力**的表达，正是世俗的核心。

　　关于后现代性中的这种极不稳定的意义结构，大卫·福

---

* "收音机头"是一个英国另类摇滚乐队，组建于 1985 年。汤姆·约克为其主唱。——编者注

斯特·华莱士也许是个极好的例子。[17] 华莱士的文集——包括虚构与非虚构——记录了一个几乎令人窒息的内在性的世界，一个扁平的人类宇宙，在其中消遣是厌倦和心烦，而不是陶醉与狂喜。[18] 地狱就是自我意识，而我们现代晚期电视化的（现在是推特化的）世界，只是将我们的自我意识提升到一个令人惊愕的程度。上帝已死，然而他被每个人所代替。任何事都是被允许的，但是所有人都在观望。因此大多数时候，我们所能期待的最好的"救赎"，可以在那些麻木自我、逃避现实的行为——毒品、性，以及形形色色的娱乐活动——中找到。

然而，与德赖弗斯和凯利所描绘的图景相反，始终有线索表明华莱士吓坏了；他的世界为超验性纠缠。他笔下的角色并不满足于晚期现代资本主义所提供的东西，因此我们时常能够发现泰勒所说的**新星效应**（nova effect）——许多新的存在模式，它们都试图找到一条穿过甚至逃出交叉压

15

---

17. 我希望接下来的部分是一个还算直接的回应，回应的对象即是德赖弗斯（Hubert Dreyfus）和凯利（Sean Dorrance Kelly）在他们的著作中对华莱士显而易见的误读，见 Habert Dreyfus and Sean Dorrance Kelly, *All Things Shining: Reading the Western Classics to Find Meaning in a Secular Age* (New York: Free Press, 2011), pp. 22 – 57。该书本身即是对泰勒《世俗时代》的一个还算直接的回应。正如作者所说的那样，"我们的观点是，虚无主义完全和宗教狂热一样，是一种心灵的闭塞，且二者都无法成为一种有价值生活的充分基础。然而，我们较之泰勒更多地怀疑犹太教-基督教的一神论能否在现代社会中令人们获得文化上的满足。"（p. 21）

18. 然而，当德赖弗斯和凯利宣称"上帝并未在《无尽玩笑》（*Infinite Jest*）的世界中投下阴影"（*All Things Shining*, p. 45）时，他们确实错了。我对华莱士《无尽玩笑》一书中的宗教角色和祈求上帝所作的讨论，见 James K. A. Smith, *Imagining the Kingdom: How Worship Works* (Grand Rapids: Baker Academic, 2013), chap. 1。

力之处境的道路，在这个处境中内在性似乎随时可能从内部崩溃。比如那个《老好人内翁》（Good Old Neon）中的叙述者，一种意识流般的证词在他自杀前一刻闪现。这个角色[19]的原型是个华莱士般的人物，因为他几乎完全被自我意识所缠绕，向着自我意识毁灭，为一种世俗的关于欺骗的负罪感所困扰——这种欺骗产生自没有能力去爱这一根源——现在，在其自杀前的一刹那，他正在反思这种自我意识是怎样"彻底毁了一切美好的东西"。[20]

只有在某些世俗主义的孤岛中，在宗教中寻求解脱——以及某种驱邪——才是匪夷所思。但对华莱士而言，这并非不可想象。相反，我们看到这个角色在其"圣洁翻滚者的阶段"*，花了很多时间在伊利诺伊州内伯威尔（Naperville）的灵恩派教会，"试图在属灵的意义上醒来，不再生活在欺骗的迷雾中"。[21]他看见并且赞美虔诚之美，自己也**想要**相信，但自我意识的幽灵却不放过他（它们是"群"[Legion]），"真实的情况是，我很快从一个出现在这里是因为想要醒来和停止欺骗的人，转变成一个急于向会众表明自己多么虔

---

19. 华莱士的读者总会遇到一种诱惑，即将华莱士笔下的抑郁和自杀读作他本人的自传性创作。我认为重要的是不要为这种诱惑所误导，不要接受它。在这个故事中，为了防止这种想法的产生，华莱士特意将一个后来叙述这一自杀的人物命名为大卫·华莱士（David Wallace）。

20. David Foster Wallace, "Good Old Neon," in *Oblivion: Stories* (Boston: Little, Brown, 2004), p.156.有关不诚实与"缺乏一种真实地去爱的基本能力"二者的关联，见 pp.165-166。

* "圣洁翻滚者"（Holy Roller），指某些灵恩派及五旬节派基督徒"被圣灵感动"时身体不受控制地在地上翻滚的样子。——译者注

21. Wallace, "Good Old Neon," p.156.

诚和积极的人"。[22]与超验性擦肩而过不是一种逃避，当然也不是一种解决办法，但它也并非不可想象。想要消除超验性同样是不可能的。

这种暗示在他死后才出版的《一切》（*All That*）中几乎变成了呼喊。在其中，一个早熟的小男孩痴迷于一辆玩具水泥车的虚构的"魔法"——它仅仅是他的父母编造的。在一个类似于圣诞老人的善意谎言中，他的父母告诉这个男孩，只有在他看不到的时候，水泥车的搅拌桶才会运转。始终无法确证这一点（因为一看它，它就停了），这个长大后的叙述者在回顾这件事的时候这样形容这种渴望："长大以后，我意识到小时候我花那么多时间试图'逮到'搅拌桶运转，是因为我想要证明我做不到这件事。如果我成功地击败了这个魔法，那我非垮掉不可。"[23]人们也许会期待接下来出现的是一个关于理性成熟、抛弃类似魔法这类幼稚之事、逐渐成熟并且学会不再被愚弄的故事。[24]醒来，并且闻到祛魅的味道。

然而华莱士并没有这样做。[25]恰恰相反，长大后的叙事

16

---

22. Ibid., p. 157.

23. David Foster Wallace, "All That," *New Yorker*, December 14, 2009, pp. 77 - 81, 引文见 p. 77。

24. 正如我们将在下文看到的，有关"成熟"的叙事在某些版本的世俗主义中极为常见。

25. 我在这里的论证仍然不依赖于对故事的自传化理解。我只需要表明，华莱士的小说世界（他自己虚构的世界）以及其中的人物，都以一种向"完满"开放的交叉压力为特征，而这种开放是德赖弗斯和凯利所不欣赏的。不同于人们从弗兰岑等人得到的那些形象，华莱士并未创造这类角色以便鄙视他们。换句话说，他并没有把角色刻画为对超验性开放，以便我们作为读者可以庆幸我们**并非**如此。

者在回顾自己的少年岁月时，在这个故事中发现了"宗教情感的源头，它后来几乎影响了我的整个成年生活"——一种基本的"敬畏"态度。[26] 他注意到，所谓的"无神论"仍然是一种崇拜模式，"一种敌宗教的宗教，它崇拜理性、怀疑主义、知识、经验证据、人的自主和自决。"然而，叙事者本人并没有准备皈依内在性的福音。相反，"我们生活中最有力和最重要的那些关联是看不见的，这个事实对我而言是一个令人信服的论证，证明我们应该以宗教的敬畏而非怀疑论的经验主义来回应生命的意义。"[27] 这同样表达出一种为超验性纠缠的感受：即是说，这只是我们编造的，与他父母关于水泥搅拌桶魔法的故事一样，宗教也是虚构的。我们不能依据我们的冲动、记忆或喜好而去敬畏。然而，这种宗教的幽灵同样无法被驱逐。[28]

---

26. Wallace, "All That," p. 78.

27. Ibid., p. 79.

28. 换句话说，德赖弗斯和凯利在对华莱士的理解上大错特错。但不要轻易接受我的判断：思考扎迪·史密斯（Zadie Smith）在"*Brief Interviews with Hideous Men*: The Difficult Gifts of David Foster Wallace"一文中的证词，见 Zadie Smith, *Changing My Mind: Occasional Essays* (London: Hamish Hamilton/Penguin, 2009), pp. 257 – 300, 以及 2008 年 10 月 23 日她在纽约大学参加一场纪念华莱士的活动时发表的讲话，后来发表在 *Harper's* 318, no. 1904 (January 2009): 26 – 29。事实上，在"Difficult Gifts"一文中，史密斯认为在华莱士的作品中存在着一种对实存之"多孔性"（porosity）的兴趣——此观念在下文泰勒的论述中将会呈现新的意义。正因如此，她总结说，华莱士笔下的角色"表达了一种对无限性的渴望"，这种渴望在华莱士的作品中产生了"那些准神秘（quasi-mystical）的时刻"。"我们也许更愿意将其称之为'沉思'，但我相信正确的词事实上应该是**祈祷**。"(pp. 297 – 298)

德赖弗斯和凯利会抗议说，他们对华莱士的批判更为彻底：并不是缺乏关于意义和价值的时刻，而是对华莱士而言，意义和价值只是**我们**给予世界的东西——而不是被接受的礼物。正如他们所说，"华莱士笔下的神圣性——姑且认为他真的能够发现这种现象——是某种**我们强加**于经验的东西；根本就不存在任何**被给定**的东西"(*All Things Shining*, p. 47, 粗体为原书作者所加)。但在这（转下页）

　　我的感觉是，我们当中像华莱士笔下的人物那样在世界 17
上生活的人，比新无神论者或宗教原教旨主义者所认为的
更多。所谓"世俗"者，正是这样一个争竞的、交叉压力的、
为幽灵所缠绕的世界——而不是一个消灭了信仰与超验
性，以及为经验主义所扁平化的世界。

如何（不）世俗

　　这样说来，我们身在何处？我们是如何到达这里的？
这个"过去的故事"**如何**影响我们的未来——以及我们该如
何在一个世俗时代中**生活**？

　　为了公正地对待我们世俗时代棘手的复杂性，我们需 18
要某种类似于"延时拍摄"（time-lapse）地图一样的东西，它
不仅能够提供关于当下实存地形的快照，还能告诉我们它
是如何形成的。当然，这会是一张不可思议的地图：同时是
制图学与建筑学的作品，告诉我们地面的地形与我们脚下
的地层结构。我在本书中的目标，就是表明查尔斯·泰勒
的《世俗时代》正是这样一幅三维立体的、能够显示历时性

　　（接上页）里，史密斯再次提供了一种对立的理解。她观察到，华莱士深深地受
惠于刘易斯·海德（Lewis Hyde）关于天赋的文化人类学——更不用说他曾经不
得不在作为那一代人中最具天赋的作者这一持续的阴影下工作，一种你觉得他
有时会乐于减轻的负担。华莱士对自恋的批判取决于这一点："自恋者认为他的
天赋来自他自己。"因此，与德赖弗斯和凯利的误解相反，事实上华莱士赞同一种
根本的接受性立场：史密斯总结说，"对华莱士而言，一种天赋实际上只是一个偶
然、一个巧合、一种幸运的状况。天生聪明、天生精通音律、具有数学才能和网球
天分——我们在何种意义上是这些祝福的所有者？我们因此得到了哪些权利？
我们如何才能真正拥有它们？"（Smith, p. 293）对比《哥林多前书》4:7，"你有什
么不是领受的呢？"

变化的、关于我们当下的实存地图，一个我们需要用来理解我们时代的指南。我希望本书能够成为一本指南的指南——一个简明扼要的概览，能够促使读者翻开更大、更详细的地图。为了开启对其论证与分析的完整说明，让我们首先考察一下泰勒所研究的三个主题。

泰勒的问题

在尝试理解我们的"世俗时代"时，我们的目标不是描述性的**什么**，更不是时间意义上的**何时**，而是对**如何**的分析。问题**并非**我们的时代"宗教的"程度究竟如何，也并非尝试确定何时开关落下，我们便从一个"信仰的时代"进入了一个"理性的时代"——用威尔·杜兰特（Will Durant）和他妻子的"世界史语言"（world-historical language）说。相反，泰勒关心的是"信仰的条件"（conditions of belief）——一种令某些事可信或不可信的可信性条件的转变。[29] 因此，《世俗时代》不断并且反复询问下列问题的各种组合：

---

29. 泰勒的研究来自诠释学的现象学传统，继承了海德格尔（Heidegger）和梅洛-庞蒂（Merleau-Ponty），在哲学上理解这一点非常重要。因此，他将信仰的"条件"等同于我们对实在之看法的"背景"（《世俗时代》，第13页）。例如泰勒在认识论方面的研究，展开了他的方法论背后的哲学假设。见 Charles Taylor, "Overcoming Epistemology," in *Philosophical Arguments* (Cambridge: Harvard University Press, 1995), pp. 1 – 19, 以及 Taylor, "Merleau-Ponty and the Epistemological Picture," in *The Cambridge Companion to Merleau-Ponty*, ed. Taylor Carman and Mark B. N. Hansen (Cambridge: Cambridge University Press, 2005), pp. 26 – 49。

我们如何从一种境况转移到了另一种境况？在前
一种境况，即基督教王国，人们天真地在一个有神论解
释内生活；在后一种境况，我们在两种立场之间切换，
每个人的解释都敞露无遗，而且不信已经成为许多人
主要的默认选项。（第 14 页）[30]

19

为什么在我们西方社会，比如说在公元 1500 年时，
不信上帝实际上是不可能的；而到了公元 2000 年，我
们当中的许多人[31]发现，不信上帝不仅容易，甚至不可

---

30. 一些读者对泰勒在此的观点感到困惑，因为他们周围有很多这样的群体，
对他们来说，有神论不仅是可信的，而且对许多人来说仍然是"默认选
项"。对照这样的经验阅读泰勒，读者会发现很难接受他在这里的假设。
很重要的一点在于需要认识到，泰勒思考的是西方的这样一些环境，在其
中不信已经成为规则——这些环境或是地理意义上的（比如许多欧洲国
家），或是阶级意义上的。关于后者，可参考伯格（Peter Berger）对全球化
世俗精英的论述，见 Peter Berger, "The Desecularization of the World: A
Global Overview," in *The Desecularization of the World: Resurgent Religion and
World Politics*, ed. Peter Berger (Grand Rapids: Eerdmans, 1999), p. 10。
正如伯格所言，"存在着一种由受过西方高等教育——特别是人文学科和
社会科学——的人组成的国际亚文化，它事实上是世俗化的。这种亚文
化是进步、启蒙的信念与价值的首要'搬运工'。其成员的人数虽然相对
较少，但是影响巨大，因为他们控制着为现实提供'官方'定义的制度，特
别是教育体系、大众传媒和法律系统的顶层设计。"

31. 永远要注意第一人称的复数。谁是"我们"？一些人指责泰勒的论述中包
含了一种褊狭。正如沃纳（Warner）、范安特卫普（VanAntwerpen）和卡尔
洪（Calhoun）等人所说的那样，"拉丁基督教王国走向世俗的过程，在很大
程度上与其殖民化进程是重合的。因此，建构拉丁基督教王国的'内部'
历史，好像殖民历史并不内在于它，这在分析上是不充分的。而且它令这
本书对后殖民的状况令人奇怪地漠不关心，因为这一状况产生了很大的
对世俗的反冲作用。"见 "Editor's Introduction," in *Varieties of Secularism in a
Secular Age*, ed. Michael Warner, Jonathan VanAntwerpen, and Craig Calhoun
(Cambridge: Harvard University Press, 2010), p. 27。另见这本（转下页）

避免？（第 25 页）

正如你将会注意到的那样，这些问题关心的不是人们信仰**什么**，而是什么才**可信**。我们现代"世俗的"时代和过去的时代之间的差别，并不必然是可供选择的信仰之不同，而是"什么才是可信的"这一默认假设的差别。正是这条道路，构建了通往泰勒关于"世俗"之独特定义的问题。

20　泰勒的世俗分类学

所以"世俗"的含义是什么？将这个时代称为"世俗"时代意味着什么？泰勒的问题把他置于"世俗化理论"的领域——一个存在了很久的命题，其假设是宗教信仰会随着现代性的发展而逐渐衰落。这个预言未被证明为真，因此多数关于世俗化的讨论都纠结于宗教信仰率的经验数据这类问题。

而泰勒的关注并不在此，因为他觉得这是一种误导，而且错失问题的关键。这些讨论仍然聚焦于信仰本身，而泰勒则认为"世俗"的本质是关于可信度（believability）的问题。世俗化理论家们（以及他们的对手）完全弄错了问题所在，因为他们专注于信仰的**表达**，而非信仰的**条件**。同样，世俗**主义者们**要求净化公共领域使其不受宗教影

（接上页）书中由何塞·卡萨诺瓦（José Casanova）及萨巴·马哈茂德（Saba Mahmood）撰写的章节。泰勒接受了这一点，见"Afterword: Apologia pro Libro suo,"p. 301。

响，但却不愿意反思关于其自身信念的认识论问题。[32] 因此，有关"世俗"的争论经常被相关术语的意义不明弄得混乱不堪。让我们采用泰勒关于"世俗"的三重分类学来澄清和辨析我们的分析：

1. 在古典或中世纪的论述中，"世俗"一词意指某种"现世的"（the temporal）事物——例如"俗世的"[33]政治领域，或"属世的"呼召领域。这就是所谓神圣与世俗二分的那种"世俗"。比如说，神父追求一个"神圣的"（sacred）呼召，而屠户、面包师和烛台匠则从事"世俗的"（secular）事业。[34] 跟随泰勒，我们可以称其为**世俗**1（《世俗时代》，第 1 - 2 页）。

21

---

32. 我在另一篇文章中更详细地讨论过这个问题，见 James K. A. Smith, "Secular Liturgies and the Prospects for a 'Post-Secular' Sociology of Religion," in *The Post-Secular in Questions*, ed. Philip Gorski et al. (New York: NYU Press, 2012), pp.159 - 184。

33. 在奥古斯丁那里，这个问题更为复杂。对奥古斯丁来说，世俗（*saeculum*）首先是一种**时间**（time），即堕落和天国的实现（终末［the eschaton］）之间的时代。因此严格来说（且奥古斯丁在这一点上并非完全前后一致），**世俗**与创造及此世性并不是重合的；它代表了一种堕落之后畸形的此世性。简言之，如果我们说"此世"的意思是指**创造**的话，那么"世俗"不等于就是"此世"。例如，我们可以想象烤面包和造烛台的工作在**一种善的**创造中——即人类堕落前的世界——作为呼召存在。在这种情况下，这两个"属世的"工作就不应被当作是"世俗的"。反过来，如果"此世"指的是当下已经堕落的创造（见《约翰一书》2：15 - 17；5：19），那么世俗就与"此世"同义。

34. 因此，我们可以将宗教改革理解为把以前被认为仅仅是"世俗的"东西神圣化，从而拒绝和消除这种区别（《世俗时代》，第 265 - 266 页）。简言之，一切都是神圣的，或至少有潜力在恰当规划的情况下成为一种神圣的呼召。

2. 在现代性（modernity）中，特别是在启蒙运动之后，"世俗"一词开始意指一种非宗派的、中立的和非宗教的空间或立场。公共领域是"世俗的"，因为它（号称）是非宗教的；学校是"世俗的"，因为它们不再隶属于宗教团体——所以"公立"学校被认为是"世俗"学校。同样，20世纪晚期的人们形容自己是"世俗的"，意思是他们没有宗教归属，而且没有"宗教的"信念。我们会把这种含义称为**世俗 2**（第 2 - 3 页）。世俗化的命题和标准的**世俗主义**所采用的，正是这样一种世俗观念。根据世俗化理论，当文化经历了现代性和科技进步时，宗教信仰的（决定性）力量和参与便会在现代性对世界的祛魅面前萎缩。而根据世俗主义，（由宪法所创造的）政治空间应该被塑造成这样一个领域：清除了宗教信仰的偶然性、特殊性和非理性，由普遍的、中立的理性所支配。世俗主义从来都是世俗主义 2。[35] 而世俗化理论通常是一种自信的预期，即社会终将变成世俗 2 的——也就是说，以日益衰弱的宗教信仰及参与为特征。自我认同为"世俗的"人，通常便认同自己是非宗教的。

3. 然而，泰勒有建设性地阐述了世俗的第三种含义（**世俗 3**）——而这正是《世俗时代》一书标题所表达的

---

35. 这也是为"后世俗的"理论家所拒绝的世俗主义，见 William Connolly, *Why I Am Not a Secularist*(Minneapolis: Univeristy of Minnesota Press, 1999) 一书中的观点。

观念。一个社会是世俗 3 的，意思是宗教信仰和信仰上帝被理解为诸多选项之一，因此是可竞争的（以及被竞争的）。这里的关键问题是"信仰条件"的转变。[36] 正如泰勒所注意到的，"在此意义上"向世俗性的转变，意味着"从一种社会转向另一种社会，在前者那里，对上帝的信仰是未受挑战，甚至是不成问题的；而在后者那里，信仰上帝被理解为多种选项之一，而且常常还是并非最容易被接受的那种选项"（第 3 页）。[37] 正是在此意义上，我们生活在一个"世俗时代"，即便宗教参与仍是可见的，甚至是狂热的。而且正是在此意义上，我们仍然能够容纳一种特定的"世俗化 3 命题"。但它会变成一种关于这些社会的可信性结构如何，以及为何会令宗教成为可竞争的（以及被竞争的）之说明，而不是关于宗教如何会在现代社会晚期萎缩的说明。[38] 正是此种意义上的"世俗"

22

---

36. 对这一"转变"的详细论述，是《世俗时代》第 1 章的主要内容。

37. 以这种标准衡量，基督教出现于其中的古代世界——也许**因为**基督教的出现——本该是世俗 3 的。因此，像现代性这样的东西可能并不是世俗 3 的必要条件。当然，古代世界仍然无法想象无求于外的人文主义能够作为一种可行的选项，而这正是**我们**世俗时代的一个重要特征。

38. 这一点非常类似于被杰弗里·斯托特（Jeffrey Stout）——一位世俗**主义**的批评者——形容为政治话语之"世俗化"的东西："根据我的理解，令一种话语形式世俗化的，并非人们参与这种话语以让渡其宗教信仰或避免把宗教信仰当作理由这一趋势。'世俗化'一词的标志毋宁是这样一种事实，即某种给定的话语实践之参与者并不认可这样一种立场，即他们的对话者有和他们相同的宗教前设。"因此，这样一种"世俗化的"话语之参与者"不能合理地……期待所有他们的对话者都能共享同一种神学视角"。见 Jeffrey Stout, *Democracy and Tradition* (Princeton: Princeton University Press, 2004), p. 97。遗憾的（转下页）

之出现，令一种**无求于外的人文主义**（exlusive humanism）的出现成为可能，后者是宗教市场中的一个全新[39]选项，一种认为生命之中除了内在性之外，任何东西都已式微的观点。"一种纯粹自足的人文主义，有史以来第一次成为一种广泛持有的选择。我是指这样一种人文主义：不接受任何超越人间福祉的最终目标，也不热爱这一福祉之外的任何事物。这样的社会史无前例。"（《世俗时代》，第 18 页）

我们的时代是一个世俗 3 时代。虽然世俗性的条件——例如信仰上帝的非自明的性质，以及一切终极信念的可竞争性——并非与世俗主义 2 的规划无关，但二者之间并无必然联系。一个世俗 3 的社会能够忍受宗教的复兴，在其中有很多人拥抱宗教信仰。然而这并不能放慢世俗化 3 的脚步；我们永远都知道我们**曾经**相信另外一些东西，它们能够提供可信的意义愿景。我们在世俗 3 的境况**之中**也能够信仰；

（接上页）是，斯托特似乎认为那些他称之为"新传统主义者"（new traditionalists）的学者（麦金泰尔[MacIntyre]、侯活士[Hauerwas]和米尔班克[Milbank]）"厌恶"这种情况（p. 99），好像他们都渴望重建基督教王国的制度，并返回神圣罗马帝国时代的可信性条件。这是一种严重的误解，我们在此不能花很多时间讨论。相关讨论，见 John Milbank, "A Closer Walk on the Wild Side," in *Varieties of Secularism in a Secular Age*, pp. 54 – 82。

39. 这并不是说在先前的世代，信仰或宗教一直都是同质的，而只是说之前在异教与其他轴心宗教之间存在着一种可竞争性。"无求于外的人文主义"出现于现代性中的某些特定条件产生之前，这是不可想象的。在回应泰勒的批判时，德赖弗斯和凯利不仅尝试捍卫这种人文主义——他们更尝试将它恢复为一种异教。

事实上，皈依是对世俗性的一种回应，而非逃避。

泰勒主要关注的，是帮助我们理解我们如何到达此处：什么东西改变了？怎样改变的？在世俗时代中对信仰的影响是什么？对作为一种文化事业或政治理想的世俗主义 2 的影响又是什么？伴随着世俗 3 产生的"无求于外的人文主义"有何特征？

泰勒的方法：世俗化的"故事"

泰勒以讲故事的方式回答了这些问题。他对此十分坦诚，并不认为这样有什么问题。"叙事并非可有可无的选择"，他坚持认为，这就是"为什么我认为必须在此讲一个故事"（第 29 页）。但是，原因何在？

他提供了至少几个理由。首先，他需要提供一个故事，来反驳世俗化理论的**化减故事**。这些关于启蒙、进步和成熟的故事，将现代性与世俗的出现视为对信仰及迷信之瓦砾的清除。如这些化减故事所描述的那样，从前我们相

泰勒不仅解释了世俗时代中的**不信**，还强调在我们的世俗时代中，即使是信仰也已经改变了。很多人仍然和他们 1500 年前的祖先有着相同的信仰；但是我们**如何**信仰却已经改变了。因此，信仰群体需要问的是：**这种信仰"条件"的改变如何影响我们宣告和教导信仰的方式？它如何影响信仰的形成？它应该如何改变我们对下一代宣传信仰的策略？**

24

信的是怪力乱神。但当我们变得理性时，特别是当我们接受了自然主义对我们曾经归因于超自然力量之事物的解释之后，这个世界变得日渐祛魅。宗教与信仰随着科学对迷信的驱逐而逐渐枯萎。当然如此。[40]

在泰勒的论述中，可以说，这些化减故事的**力量**既体现在它们的叙事性力量，也体现在它们解释"资料"的能力。在他们的故事中，存在着一种戏剧性的张力、一套情节，以及一众演员，其中包括英雄（比如伽利略）和恶棍（比如红衣主教贝拉明*）。因此，如果你想要反驳这些化减故事，仅仅提供相反的证据和资料是不够的，你还需要讲述一个不同的**故事**。因此，泰勒不仅"必须在分析与历史之间来回往复"（第29页），还必须提供一个**作为**故事的历史，作为一种反驳的叙事。

这意味着，尽管《世俗时代》充满了散文体的赘言和知识的迂回，人们仍然需要将其几乎当作一部小说来读——或至少将其**作为**一个故事来理解。科林·雅格（Colin Jager）正确地将这一点理解为泰勒的"浪漫主义"。我们需要如此看待"这本书，即把它当作一个文学文本——这一举动可以借助下列事实得到认可，即一种可辨认的现代文学性观念作为某种与基督教不同且又类似的东西，第一次出现

---

40. 正因如此，泰勒后来才会主张，这种叙事在西方的社会想象中已经沉积下来，"下沉到不受挑战的常识层面"（《世俗时代》，第575页）。

* 贝拉明（Robert Bellarmine, 1542–1621），罗马天主教红衣主教，反新教宗教改革的重要人物。——编者注

在浪漫主义时期"。[41] 这在根本上是因为，泰勒希望能够将
生活在世俗时代中的**感受**，以及生活在现代性之交叉压力
空间中的**感受**告诉读者。因此，雅格依据这一方法论将泰
勒的问题重新表述为："从内部感受到的世俗性是什么样
的？"这改变了我们论证的方式："当泰勒说他要讲一个故事
的时候，他的意思是他的论述必须被经历，而不是仅仅被释
义或注释。"[42]

　　第二，与阿拉斯代尔·麦金泰尔（Alasdair MacIntyre）或
克里斯蒂安·史密斯（Christian Smith）类似，泰勒认为我们
都是"叙事的动物"：我们定义自己的身份和目标，都是以我
们定位自身于其中的故事为基础。"我们对自身以及我们
所处位置的理解，部分取决于我们如何感知到达目前位置
的过程，以及如何感知战胜先前境况的过程。"（《世俗时
代》，第 28 页）这正是历史故事何以如此受重视的原因，这
是一个我们需要牢记的事实。虽然我们的目标是理解当
下，但这一目标的达成需要从我们的过去迂回而至。我认
为，这反映了泰勒的黑格尔主义的面向——一种对历史偶
然性的深刻理解。因此，我们无法讲述一个从抽象原则推
论而出的简明故事。不，如果我们想要理解我们混乱的当
下，我们就需要靠近地面，探索各种偶然的迂回和转弯，它

25

---

41. Colin Jager, "This Deatail, This History: Charles Taylor's Romanticism," in
Varieties of Secularism in a Secular Age, pp. 166 – 192, at 168.
42. Ibid., p. 173. 我将在下文处理关于《世俗时代》在何种意义上是一种"护
教"时回到雅格的讨论。

们是我们之前走过的道路。我们需要关注杰弗里·斯托特称之为我们"辩证的位置"的背景，[43] 那些令我们成为"我们"，并把我们带至当下的具体的**特殊事件**。[44] 这就好比意识到，如果想要和一个重要的人建立良好的关系，你需要了解他或她之前的故事；你的配偶深受其家庭历史的影响，如果你想要推进你们的关系，就需要理解这段历史，以便理解对方。

因此，对我们世俗时代的分析会以下面这样的话开始："从前……"

---

43. Stout, *Democracy and Tradition*, p. 79.

44. 泰勒关注建构何为"世俗"社会的抽象观念，我们从此关注中也可看到这点。没有一种超验原则可以在避免争论的情况下确定。它们只能从各种社会语境之特定的奇想中出现。见 Charles Taylor, "Why We Need a Radical Redefinition of Secularism," in *The Power of Religion in the Public Sphere*, ed. Eduardo Mendieta and Jonathan VanAntwerpen (New York: Columbia University Press, 2011), pp. 35 – 36。

第 1 章　信仰变革：世俗作为现代的成就

26

不只是化减：不信的障碍

"世俗"不仅是一旦我们抛弃迷信、仪式和对诸神的信仰之后，所剩下的中立、理性、非宗教的世界。这是因为，世俗不仅是**不信**，或缺乏特定的宗教信仰。世俗性 3 及其时代特征，不仅是被剥夺了宗教。世俗的出现与一个新选项的产生密切相关——无求于外的人文主义作为一种可行的**社会想象**（social imaginary）之可能性——一种不依赖于任何神圣或超验而建构意义的方式。因此，我们停止信仰诸神是不够的；我们还必须能够在一个内在框架中**想象**意义，即不依赖于超验来想象意义的模式。这就是世俗化理论所提供的"化减故事"总是有所欠缺的原因。世俗并不仅仅是一种余数；它是一个总和，由加法所创造，一个知识累加的产物。

　　因此,如果我们想要回答泰勒的核心问题——我们如何
到达此处? 我们如何从一个几乎无法想象无神论的时代
(比如说公元 1500 年),来到了一个有神论几乎变得难以令
人相信的时代(公元 2000 年)? ——我们不能仅仅关注各
种信仰都是何时何地被打倒的。我们还必须思考各种条件
的改变,这一改变令西方世界能够将无求于外的人文主义
视为一种可行的意义愿景。

27　　　　这便是泰勒故事的开始之处。我们必须尝试想象这样
一幕:我们身在中世纪晚期的世界,而无神论几乎是难以想
象的。这当然并不意味着每个人都信仰相同的东西。绝非
如此。事实上,在泰勒的论述中,很重要的一点即是认识到
各种相互竞争的基督教思想早在宗教改革之前便已存在于
西方世界。但即便如此,也没有人在那时便能想象尼采或
希钦斯的出现。为什么会是这样? 中世纪社会的"背景"或
"想象"之中存在着哪些特征,令其阻止了这些想象的可能
性? 如果我们能找到中世纪社会想象中的这些特征,我们
便能够发现那些"不信的障碍",正是它们的改变才使得世
俗性和无求于外的人文主义变得可以想象(《世俗时代》,第
29 页)。泰勒强调指出这一中世纪想象的三个特征,正是
它们阻止了不信的发生(第 25 页):

　　1. 自然世界被理解为一个有着符号功能的造化
　　　 (cosmos),即作为一个符号,它指向自身之外、**超越**
　　　 自然的事物。

2. 社会自身被理解为建基于一种更高的实在；地上的诸国乃是建基于一个天上的国。

3. 总之，人们生活在一个迷魅的（enchanted）世界，一个"充满"各种神灵的世界，它是开放、脆弱的，而非封闭、自足的。

这些特征并不能保证所有中世纪的居民都"信仰上帝"；但它确实意味着在一个被如此理解的世界之中，"无神论近乎是不可思议的"（第 26 页），因为人们只能"看到"（或"想象"）一个充满各种神灵、因此并非"自然的"世界。将它形容为古代以及中世纪想象的一部分，即是说它是理所当然的。因此，泰勒关于这种状况如何改变的核心问题，其部分答案即在于"这三个特征已然消失了"。在这些障碍被清除之前，无求于外的人文主义这类观念是不可能出现的。

我们现代的世俗想象：移除不信的障碍　　　　28

　　为了理解这个问题，我们事实上需要尝试**感受**那个时代与我们自己时代之间的不同。因为我们谈论的并不仅仅是人们**所思**；它实际上更关乎我们所视为理所当然的那些事物——我们不会有丝毫怀疑的那些事物——与那个时代的人们视为理所当然之事物的差异。正因如此，泰勒才着力强调他所谈论的并不仅仅是**观念**的变迁或理论的变化。"我试图在此描述的，"他强调，"并非理论。相反，我的目标是我们当代所活出的理解；也就是我们天真地看待事物的方式。我们或许可以说：我们正好活在解说当中，我们根本不曾意识到它是一种解说，或者——对我们大部分人来说——甚至根本不曾表述过它"（第 30 页）。变化正是发生在这个"层次"上；它发生在我们天真的理解之中，发生在我们视为理所当然的事物之中（第 30—31 页）。而且这种指向一个新"背景"的转变，不仅对于无求于外的人文主义者而言是真实的，就连信仰者所信的方式也大体上认可了这一新的背景。因此，向一个世俗时代的转变不仅使无求于外的人文主义成为对我们而言一个可能的选项，也改变了宗教群体本身。我们现在全都是世俗的。

　　泰勒列出了我们现代的、世俗 3 的社会想象中的五种因素，并突出了它们与前现代的生活形式以及与之相伴的那些假设之间的对比。我们将会看到，这些因素中的每一个都有效地拒绝了我们在上文所看到的中世纪想象中的某个方面。

祛魅与"缓冲的"现代自我

　　世俗化理论的支柱之一，是现代性"祛魅"了世界——将各种神灵鬼怪驱赶出了这架机器。疾病不再是着魔，精神疾病不再是鬼魂附体，身体中也不再有灵魂存在。祛魅大体上被接受为一种自然化：魔法的"属灵"世界被消解了，留给我们的是物质的机械性。然而，泰勒对祛魅的解释侧重点则不同，他认为祛魅首先是一种意义**定位**的改变，即将它从"世界"转移**进入**"心灵"。[1]意义不再存在于事物之中；

相反，意义与价值是心灵的一种属性，为后者内在地构想。
外在的世界或许可以作为一种构想意义的刺激因素，但意
义是在心灵之内产生的——或者，用一种更为有力的说法
（例如康德），意义是由心灵加诸事物之上的。意义现在位于
主体（agents）之中。只有这一转变发生了，著名的缸中之脑*
这一场景才能为人们所理解；只有将意义置于心灵中以后，
我们才会担心可能有人或物在通过操纵我们的头脑，彻底愚
弄我们关于世界意义的认识。正是现代的社会想象，才使得
我们有可能去想象《黑客帝国》（*The Matrix*）这样的电影。

　　为了感受到这一转变的力量，我们需要理解其如何区
别于"迷魅的"前现代想象，在其中，一切非人的事物都**具有
重要性**——即承载及充满着意义——它独立于人们的构想
或属性。在这一前现代的、迷魅的宇宙中，人们认为**力量**存
在于事物之中，正因如此，类似圣骨或圣体这类事物才能够
被赋予属灵的力量。其结果是，"在迷魅世界，位格主体与
非位格力量之间的界限，并非完全是划定清楚的"（第 32
页）。由于存在着一种界限的模糊性，拥有因果力量的不仅

---

1. 泰勒注意到，这不仅是关于"语言意义"，而且也是关于作为"生命意义"中
　　的那种更完满的意义感（第 31 页）。这将会与他之后所使用的"完满"
　　（fullness）一词关联起来，下文对此有进一步讨论。

* 缸中之脑（brain in a vat），一种思想实验，假设将大脑从人体头颅中取出放
　　入缸中，其内盛有能够维持大脑生理活性的培养液，通过电脑向神经末梢
　　发出神经电信号并充分回馈其反应，则大脑所体验的世界成为一种虚拟现
　　实，但大脑并不一定能意识到这一点。——编者注

仅是位格主体（第 35 页），事物也能有所行动。

在这个问题上，泰勒引入了一个关键概念，用以描述前现代的自我：在这种祛魅以及意义退至一种内在的"心灵"之中以先，人类主体曾经被视为可渗透的（porous，第 35 页）。正如前现代的自然总是与某种超越其上的事物混合在一起，也正如事物与心灵和意义混合在一起，前现代之自我的可渗透性意味着自我在根本上是**易受伤害的**（也因此是"可医治的"）。成为人意味着要在根本上向一个外在的世界（无论是仁慈抑或有恶意的）**开放**，向祝福或诅咒、支配或恩典开放。"这种脆弱感，"泰勒总结道，"是随着祛魅而消失的主要特征之一"（第 36 页）。

因此，在祛魅中岌岌可危的，不仅是关于意义的假设，还包括关于心灵、主体与人格之性质的假设。在向现代的想象转变的过程中，心灵被**向内**"束缚"住了。因此，现代的自我，相对于前现代的、**可渗透的自我**，是一种**缓冲的自我**（buffered self），被孤立及隔绝在其内部性中（第 37 页），"将属于它自己的自律秩序赋予它的生活"（第 38—39 页）。

这与我们的核心问题有什么关系呢？为何这会使得不信在一个前现代世界如此不易？泰勒认为，它造成了一种"极为不同的实存状况"，因为在一个迷魅的、易受伤害的自我之可渗透世界中，"有望拒绝上帝这一预期，并不使人忙于退到缓冲的自我这一安全的防御阵地，而是让我们在上帝缺席的力量场中自己去闯……一般而言，反对上帝并不是迷魅世界的一个选项，那是转向缓冲的自我这种变迁所

冲击的一种方式"（第 41 页）。换句话说，只让世界摆脱神
灵与魔鬼是不够的；还必须让自我得到缓冲和保护。只有
那种积极的转变发生，无神论或无求于外的人文主义才是
"可以想象的"。因此，这种对意义的重置以及随之而来的
对自我的缓冲，消除了不信的障碍之一。无求于外的人文
主义变得有点可以想象了。

社会生活

在前现代的想象中，不仅事物被赋予了意义，而且社会纽
带自身也是迷魅和神圣的。"在我们祖先那个迷魅的、可渗
透的世界生活，本质上就是社会性生活。"（第 42 页）共同福
祉的好处是**集体的**好处，有赖于群体的社会仪式。"因此，我
们共同投身于此。"结果，**一致性**受到特别重视，而转向"异
端"就"**不只是个人的事情**"。也就是说，这类事情不可能成
为属于"私人"偏好的事。"当我们带着优越感回顾早先年代
的不宽容时，"泰勒注意到，"这是我们常常易于忘记的事情。
只要共同福祉紧密联系于集体的仪式、奉献和忠诚，那么一个
人掉队，更不用说他试图亵渎或玷污仪式，就不能被视为他个
人自身的事情。有一种非常好的共同动机会把他拉回社
群。"（第 42 页）个人的不信并非一种我们能够允许异端在周
末追求的私人选择；相反，不信会对整个群体造成影响。

因此，如果要为不信（或信仰无求于外的人文主义）留　31
出空间，那么这种社会性或社群主义（communitarianism）就
必须被视为另一个有待移除的障碍。缓冲的自我之出现已

经为此奠定了基础,因为"这种理解适用于个体性,甚至原子论……从根本而言,缓冲的自我是意识到超脱之可能性的自我"(第41－42页)。自我对异己力量构建缓冲区,也为一种初期的私人性开辟了空间,而这种私人性则为不信提供了保护与许可。一旦个人变成了意义的中心,其所造成的社会原子论则意味着不信不再具有社会后果。"我们"不再是一块无缝的布,一个紧密的社会实体;相反,"我们"只是个体的集合——就好像一种社会的"气体"中存在的单个分子。这消除了个人决定与信仰所造成的连锁反应。你可以自由地成为一个异教徒——这意味着最终你可以自由地成为一个无神论者。

狂欢节结束了:为了福祉而"降低门槛"

我们正在做的事情是寻找那些前现代想象的特征,它们需要被取消,才能不仅为不信,更为无求于外的人文主义之完全出现创造空间——后者是一种组织个体生活及整个社会的可能选项。缓冲的自我让我们无须面对不信诸神所带来的危险;而私人化、个体化的自我则保护我们免于因特立独行而被社会视为耻辱。泰勒认出了关键的第三种因素,我们也许可以将之形容为至高点(*ne plus ultra*)的平凡化——在我们如何设想一种卓越人生的要求方面"降低门槛"。再一次,如果我们尝试理解这一点如何区别于前现代的生活经验,我们将会感受到这种转变。

泰勒回忆道,特别是在基督教王国中,在"自我超越"——令生命转向那**超越**寻常人间福祉的东西——与此世的、对人间福祉和生命实存的关注之间，存在着一种独特的张力。我们也许还可以将它描述为一种存在于"永恒"所要求的与日常人类生活所要求的之间的张力。这里的假定是，人类的生活在一种超验的永恒性中发现其终极意义和目标，**而且**确保这样一种终极生活要求与日常人类生活的需求及快乐有某种禁欲关系。对于承受日常劳作压力的保姆或农民，叫他们去实践圣徒的属灵操练便会负担过重。这相当于一种存在于"信仰所要求的完全"与"日常生活的要求"之间的张力（第 44 页）。[2]

32

在基督教王国中，这种张力并没有被消解，而是被保留了下来。首先，社会为一种特定的劳动分工制造了空间。通过为诸如修士及修女等完全是"宗教性的"呼召制造空间，教会创造了一种代理的阶级，他们以苦修的方式，**为了**社会中大多数不得不应付生活琐事的人们，而投身于超验性/永恒性之中，后者包括了从国王到农妇各色人等（这也正是为何对这些整日忙于俗世生活的人而言，资助各类修道院成为一种重要的宗教奉献）。如果我们回溯性地用我们信仰"私人化"的图景来理解这些修道院，认为这些修士献身于苦修生活只是为了追求自身的救赎，那么我们的理解便会有所缺失。修士

---

2. 我确实认为，这是一种独特的"罗马天主教的"框架，而且它在终极上预设了一种对自然/恩典之关系的含蓄理解。我并不是说中世纪的世界假定了这种天主教的框架，而是说，**泰勒**以这种方式建构它，也反映了在此方面的一种特定偏见。例如，加尔文之"改革"观的新教继承者会在此世福祉与永恒福祉的期待及要求之间，看到更多的连续性。

代替这个世界,为这个世界祷告。因此,通过一种劳动分工,整个社会都处在这一超越性与此世性的张力之中。[3]

其次,基督教王国的社会团体拥有一种时间意识,它使得即便是那些每日投身日常生活的人们,也能够追求存在于这一当下的压力与永恒的希望之张力中的节奏与仪式。节奏与季节创造出感受这一张力的机会(这可以只是在每个周五或大斋期不吃肉)。而仪式与这一张力之间的关联,则在于其能够培养一种平衡。泰勒所举的最重要的例子是狂欢节(今天的忏悔星期二[Mardi Gras]或万圣节即是其已经退化和扭曲的版本)。狂欢节作为一种得到认可的方式,被用来释放因为生活在永恒性的要求之下而积聚起来的压力。"这些节日是事物的日常秩序被反转的时期,或者说是'翻了个底朝天的世界'的时期。……男孩戴上大主教的高冕,愚人扮演一天的国王。人们可以嘲弄通常被尊敬的事物,可以允许自己有各式各样的放纵,不仅有性放纵,还有近乎暴力的行为,诸如此类。"(第45-46页)狂欢节是一个"安全阀":"美德和良好秩序的砝码如此沉重,在对本能的压抑下,已经积聚了如此大的蒸汽,以致整个系统要想免于分崩离析,就必须要有周期性的减压。"(第46页)在这里,此世的需要与永恒的要求之间的平衡再一次得以维持,不是通过非此即彼的方式化解张力,而是通过停留在张力之

33

---

3. 正如我们很快就会看到的,当那些投身宗教呼召的人被认为"更接近"永恒的时候,这种愿景便脱轨了。正是这种扭曲,产生了改革的规划。

中的方式。在理想情况下，美德的要求和预期不会因无法维持而受到损害，或有所减少，或被摒弃——它们只是周期性地被暂时悬置。[4] 社会所认可的，是一种被仪式化的"反结构"的需要（第 50 页）。

而在现代性中发生改变的是，现代的时代制造了一些不同的策略，从而试图**消解**（即消除）这一张力，而不是停留在这一张力之中，以及尝试维持此世生活的需求和永恒生活的期待之间的平衡。[5] 在这方面存在着几种选择：你可以有力地谴责此世的日常生活并要求所有人都过修道生活（即所谓的禁欲主义选择）；你也可以放弃对永恒性的期待，其将美德的重负加诸我们的日常生活——即是说，你可以卸下永恒性/救赎的要求所造成的负担，并且只在**这个**世界中规划终极的福祉。（泰勒会说，试图仅仅阐明张力及平衡的宗教改革诸模式，实际上松绑了第二种选择，即通过完全消除这一张力的方式而"消解"了它。）

时间的完满　34

在记录这些从中世纪到现代想象的转变——从迷魅到

---

4. 泰勒注意到，它与现代的示威抗议截然不同。"节日并没有提供可以选择的秩序，以替代现有秩序，这根本不同于我们在现代政治中所理解的那种意义，即提出一种与现行体制对立并可以取代它的事物秩序。节庆中的嘲弄被这样一种认识所框住：更好的人，更卓越的人，更有德行的人，以及教会的魅力领袖等等，应该作为统治者；而在那种意义上，诙谐最终不是真正的诙谐。"（第 46 页）
5. 我们将会看到，新教的宗教改革，作为一种更大的改革动力的一部分，在这种转变中扮演了一个关键角色。

祛魅——的过程中，泰勒还注意到了一种截然不同的时间意识。在前现代的理解中，由于"现世的"或世俗1的时间为"更高的"时间所超越，因此时间被认为不仅仅是线性的。更高的时间"在世俗时间秩序中引入了各种'弯曲'以及表面上的不一致。那些在世俗时间中相隔很远的事件反而可以是紧密相连的"（第 55 页）。这有点类似于克尔凯郭尔在《哲学片断》（*Philosophical Fragments*）一书中对"同时代性"（contemporaneity）的描述："1998 年的耶稣受难日在一定程度上比 1997 年的仲夏日更接近原初的受难日。"（《世俗时代》，第 55 页）

我们被"束缚"于世俗时间这一事实，已经改变了这种状况，因此我们对时间的经验是"自然的"（也就是说，**并非一种解释**）："我们在自己建构的环境中，生活在统一的、单一意义上的世俗时间中，而为了做事成功，我们试图衡量与控制时间。"（第 59 页）因此，没有任何"更高的"东西能够影响我们的日程表——只有**钟表**的滴答声，以及我们通过各种"计划"而自我加诸的重负。

从造化到宇宙

转变的最后一个方面与我们对自然世界的看法有关；在前现代想象中，我们生活在一种**造化**（cosmos）之中，即一个有序的整体，在其中，"自然"世界在一个超越的维度中运转（第 60 页）。就好像宇宙具有层次一般，而我们总是被折叠在中间。如果前现代的自我是"可渗透的"，那么前现代的宇宙亦是如此。

与之相对的是,现代的想象发现我们存在于一个有其自身秩序的"宇宙"(universe)之中,但却是一种自然规律的内在秩序,而非任何一种存在的等级(第 60 页)。泰勒接着在他的论证中显著扩展了这一主题,下文将会回到这一点。此刻我们只需认识到,从造化到宇宙——即从"创造"到"自然"——的转变,使得人们有可能将意义与价值置于宇宙自身之中,亦即一种自治的、独立的"意义",它不依赖于任何一种超验性。

泰勒阐述了现代社会想象中被视作理所当然、并作为无求于外的人文主义之背景运作的诸多方面。**然而,基督教究竟以何种方式也吸收了这些转变? 甚至基督教是否以某些方式推动了这些转变?**

35

为了开启他的故事以及展开叙事,泰勒尝试列举了现代想象中的五种转变,它们所代表的重要改变首先并非关乎我们**所思考**之事,而是关乎我们视作理所当然、不假思索之事——某种当我们确在"思考"之时所采取的直觉背景。我们中的大多数人从来不会去思考这些有关我们"想象"的变化,恰恰是因为它们是我们认为理所当然的那些东西。这些转变中的每一个都有助于清除或至少削弱那些不信的障碍,这些障碍令无神论在 16 世纪之前难以出现。然而,障碍的移除并未令我们大步向前;或者依据化减故事来理解:"世俗"并不是当你将障碍移除后剩下的东西。因此,他仍然未指出这个故事中的任何一个**因果**因素。我们所需要的是一种肯定性的说明，即驱动生产世俗人文主义及无求于外的人文主义的那个引擎是什么。泰勒将这一引擎定位在了"改革"之中。

改革：现代性的支点

虽然有很多"原因"导致了我们刚才讨论过的转变，但泰勒却诉诸某种类似根本原因的东西——或者更准确地说，一个多重原因的统称：**改革**（Reform，R 大写）。这个词意指一系列在中世纪晚期已经开启的运动，因此不应将它仅仅化约为新教的宗教改革。这种对改革的渴望通过一系列运动与发展表达出来，其中包括基督教王国和罗马天主教会内部的运动，以及文艺复兴的人文主义。

改革运动发生在我们上文中已经看到的压力之中——艰难维护永恒的要求与此世生活之间不稳定的平衡所需要的空间。泰勒特别注意到了"一种深刻的不满——不满于平信徒生活与弃世神职之间的**等级制**平衡"（第 61 页，粗体为笔者所加）。在宗教的呼召与平信徒的呼召之间形成的劳动分工，已然呈现为这种等级制，并且变成了一种"两层宗教"（第 63 页），或曰一种"多速度体制"（第 66 页），在其中修士与神职人员位于快车道，鄙夷地看着那些陷入"此世琐事"中行动迟缓的人们（即便是这些人的工作和收入维系着修道院的生活）。与之相反，因为属灵的压力专属于宗教的呼召，广大平民"美德的重负"便轻省了许多。狂欢节成为一种普遍的实践，一些人则认为平信徒已经脱离了永恒性的轨道。

　　"改革"是一个统称，泰勒用它来形容中世纪晚期和现代早期的一系列运动与创举——这些运动就好像是我们世俗时代的地下河流一般。或者更准确地说，这些中世纪晚期的发展播下了在 20 世纪才会开花结果的种子。因此，泰勒所涉足的这段为迷雾所笼罩的历史并非一段神秘的弯路；它是我们想要理解 20 世纪 60 年代——那段我们从未离开的年代——所需要的家族史。正如拉斯蒂·雷诺（Rusty Reno）最近所嘲弄的那样：1968 年总在当下的某处。泰勒则认为，如果没有年代考古学对 1518 年的研究，我们则无法理解 1968 年——或 2018 年。

　　所有这些改革运动都试图改革和更新社会生活，并处理前文所提到的那种"两层宗教"的扭曲。虽然泰勒强调罗马天主教亦有严肃的改革计划，但人们可以理解为何他将新教的宗教改革视作这一改革的主要表达——如果不是核心的话（第 77 页）。[6] 在其核心中，改革变为"改造整个社会以达到更高标准的推动力"（第 63 页），它植根于这样一种

---

6. 在一些问题上，泰勒接受了某些假设性的猜想，以思考这种改革有没有可能带来不同的结果。例如，"可以设想另一条事件链，在另一种叙事中，宗教改革的某些重要元素不必被逐出天主教会，走向对圣礼的否定（路德本人从来不赞同这种否定），也不必否认传统的价值（路德同样没有如此反对传统）。但这或许需要假设有一个相当不同的罗马，不同于它在那几百年间如此醉心于权力斗争"（第 75 页，对比第 76、78—79 页）。然而这既要求改教家具有不同的敏感性，也需要罗马有不同的立场。

37　　确信，即"上帝在所有事物中使我们成圣"（第79页）。这些承诺开始推动一种早先难以想象的关于社会的完美主义。理想与现实之间的鸿沟越来越令人难以容忍——**要么**是由于根据普遍成圣的原则，整个社会被期待得更多，**要么**是因期待日益减少，而自我的超验性则终将被遮蔽。如果人们无法达到标准，那么或者你可以尝试帮助人们做得更好，或者你可以降低标准。这正是为何改革同时带来了清教主义（Puritanism）**与** 60 年代的原因。就改革是对这一不平衡的反应而言，它可以采用两种不同的方式"解决"问题——这一点要在几个世纪之后才能变得清晰。

　　在根本上，这里存在着一种校准（leveling）。在拒绝"多速"以及"双层"模式的同时，改革提高了期待：在基督教王国的改革运动中，现在**每个人**都被视为完整地活在上帝面前（*Coram Deo*）。用圣保罗的话说，他们被期待做**所有事**都是为了上帝的荣耀（《歌罗西书》3：17）。这事实上是一种新的对"日常生活"之圣化的反面——一种对圣俗二分的拒绝，以及瓦解圣俗二分的开始。寻常生活被肯定属于恩典的领域。不仅神父与修女是"宗教的"，屠户、面包师和烛台匠同样能够以一种敬虔和崇拜的意识，投身于世俗的、"此世的"工作中。

　　其结果是，"对平常人来说"，这"要求似乎有点悖论：活在所有关于［'此世'］福祉的实践与制度之中，但同时又不能全然活在其中。在它们当中，但又不属于它们；在它们当中，但又保持距离，并乐意失去它们。奥古斯丁如是说：使用此世之物，但并不享用它们；'*uti*'（使用）而不'*frui*'（享用）。或用罗耀拉-加尔文的表述，全然为上帝的荣耀而活"（第81页）。宗教的委身——以及因此对圣洁与美德的期待——不再为修道院或女修会所垄断；相反，对成圣的高度期待如今来到修道院围墙之外。[7]

这一点由两种方式表达出来：一方面，寻常的属世生活被认可并受到重视；另一方面，禁欲被带进日常生活之中（第81页）。因此，屠户、面包师和烛台匠，其"属世的"工作也被认可为蒙召服侍上帝，就如神父蒙召服侍上帝一样；另一方面，寻常的劳动者在做这一切时又带着一种托钵修会的禁欲主义。[8] 在此意义上，"新教是沿着接续中世纪改革的路线，力图提升平信徒的道德标准，不满足于一个只有少数人完整履行福音的世界，试图要完全普及某些敬虔实践"（第82页）。

这一版本的改革，通过期待每个人都能够实现过一种克制的修道生活，从而"校准"了两层宗教。然而，泰勒暗示另外一种校准也是可能的：人们也可以通过减轻美德的担子，为社会卸下超验性期盼之重负，并因此取消上层或永恒视域，来解决双层的难题。事实上，他似乎认为正是第一种提高期待的策略，促使一些人采取了降低期待的后一种策略。通过指责邪恶以及"渲染可怕的永罚景象"，新教的布道者们为"他

38

---

7. 见 Matthew Myer Boulton, *Life in God: John Calvin, Practical Formation, and the Future of Protestant Theology* (Grand Rapids: Eerdmans, 2011)，该书勾勒了约翰·加尔文关于整个日内瓦作为一个大修道院的愿景。

8. 当然，这正是马克斯·韦伯(Max Weber)眼中作为"新教伦理"之特征的"入世的禁欲主义"。泰勒对此有更详细的讨论，见 Charles Taylor, *Sources of the Self* (Cambridge: Harvard University Press, 1989), pp. 211－233。

们相当部分的羊群逃到人文主义那里"（第 75 页）做了有效准备。[9] 一种校准两层问题的策略，可能会产生另一种截然不同的策略，而后者最终变成了无求于外的人文主义。

被送回的祛魅

　　在泰勒的描述中，伴随这一校准的，是宗教改革之"激进的简单化"（第 77 页）。改教家们"全都将起支配作用的平衡视为一种坏的折中"———一种帕拉纠派的（Pelagian）对人类能力的前设，因此亦是一种对上帝的全然恩典及上帝在救赎中的行动之不充分的理解。如果救赎中有任何东西是在我们的掌控之下，那么上帝的主权和恩典便被损害了。这导致了像加尔文这样的改教家拒绝恩典会在事物和仪式中"具体化"（localization），从而改变了"宗教生活的重心"（第 79 页）。泰勒将加尔文当作一个研究个案：泰勒注意到，在强调上帝的行动与恩典之优先性的同时，"加尔文不能承认，上帝或许已经将他的部分拯救功效释放到世界，并听凭人类行动的支配，因为这是要使我们这样的造物（乃是肉身的、社会的、历史的造物）真正成圣的代价"（第 79 页）。作为恩典之手段的，是（相对而言非物质的）上帝的圣言，而非如圣体（Host）之类神秘的事物。[10]

9.　这并非一个没有争议的假设。

10.　这是否对加尔文之圣礼神学的一种正确解读，仍有争议。见 Laura Smit, "'The Depth behind Things': Toward a Calvinist Sacramental Theology," in *Radical Orthodoxy and the Reformed Tradition*, ed. James H. Olthuis（Grand Rapids: Baker Academic, 2005）, pp. 205–227。然而，对那些追（转下页）

人们能够理解这何以令一种**祛**魅成为必然："我们拒绝圣礼,拒绝古老宗教中所有的'法术'因素。"(第 79 页)如果教会不再拥有"好的"魔法,"那么所有的魔法都必然是邪恶的"(第 80 页);一切迷魅都是渎神的、拜偶像的,甚至是邪恶的(塞勒姆*即将到来)。而一旦世界被祛魅及驱逐了超验性,我们便可以自由地、随心所欲地重新设定其秩序(第 80 页)。换句话说,改教家对圣礼主义的拒绝是自然主义的开端,或者说,它至少开启了自然主义的可能性。它同时也开启了某种对作为**在场**于世界的神圣者之驱逐。而这则带来了一种对社会及文化生活的全新理解。社会和政治安排不再是迷魅的既定事实;国王

泰勒赞美宗教改革对"日常生活的圣化",但与此同时认为它松动了迷魅世界大厦的砖瓦——即在某种程度上,新教的宗教改革开启了通向无求于外的人文主义的迂回道路的大门。**是否存在着某些方式,新教徒借此能够认识到宗教改革的这种混合遗产,同时仍旧肯定它是大公教会内的一种更新运动？如果新教的宗教改革开启了通向无求于外的人文主义的大门,难道它不也打开了通向梵蒂冈第二次大公会议的大门吗？**

(接上页)随茨温利(Zwingli)等人去圣礼化的加尔文继承者来说,这一点却是毫无争议的。

*　即塞勒姆(Salem)审巫案,指 1692 年 2 月至 1693 年 5 月期间发生于美国马萨诸塞州塞勒姆的大规模女巫审判事件,使得十九人被处以绞刑,一人被石堆压死,五人死于狱中。——编者注

和君主不可能是任何一种"圣礼性的"实在。并不存在迷魅的社会秩序。如果世界需要秩序,那么需要制定这一秩序的是**我们**。[11]"在完全失去宗教仪式及其为我们所设界限的世界,我们感到一种全新的自由,可以重新去奠定事物的最好秩序。为了信心和上帝的荣耀,我们采取关键立场。我们付诸行动,定下事物的最好秩序……巨大能量被释放,以在世俗时间中重新奠定事物秩序。"(第 80 页)

40

泰勒认为,正是这一"为秩序而产生的愤怒"在不知不觉间推动了世界的祛魅:"它加上信仰革新固有的推进力,使它们朝着如下方向推进:世界的祛魅,基于等级平衡的社会之消除,不论是精英与大众之间的平衡,还是在狂欢节和'翻天覆地的世界'中所发现的那种平衡。"(第 87 页)正是宗教改革要求世俗的改革,而后者则使得无求于外的人文主义的改革成为可能。对此,宗教改革需要做出一些解释。[12]

创造、自然与道成肉身:通向无求于外的人文主义的曲折道路

泰勒又强调了另一个重点:从公元 1500 年到公元 2000

---

11. 见 Michael Walzer, *Revolution of the Saints: A Study in the Origins of Radical Politics* (Cambridge: Harvard University Press, 1965)。相关讨论,见 Nicholas Wolterstorff, *Until Justice and Peace Embrace* (Grand Rapids: Eerdmans, 1983),chap. 1。

12. 有关这一主题的重要延伸,见 Brad S. Gregory, *The Unintended Reformation: How a Religious Revolution Secularized Society* (Cambridge: Harvard University Press, Belknap Press, 2012)。

年的道路并非一条笔直的大道。正如他之前所说，其并非
一个"化减"故事，一个关于不可避免的"进步"的线性故
事。化减故事是直线的解释，预设了终点处的真理与善，因
此仅仅将发展理解为直抵终点的一些步骤（第 90 页）。相
反，通过强调原因的复杂性以及各种发展的偶然性，泰勒提
供了一种"曲折的叙事"，这一叙事认识到了一种偶然的弹
球效应（pinball effect）。其观点是，**从我们的（现代的、世俗
主义的）角度来看**，发展似乎是朝着我们世俗成就的方向前
进，但它"在其他情形下，可能永远也不会有今天的不信者
所理解的意义"（第 95 页）。我们过时的后见之明试图将某
种世俗主义的抛物线加诸早年间的一些变化，然而事实上，
这些变化当初也许是朝着一个非常不同的方向"抛出"的。

在这里，泰勒的例子是一种新的对"自然"的兴趣，或者 41
更准确地说，"对自然本身感兴趣"（第 90 页）。现在，从世
俗人文主义的立足点来看，这一新的对自然的兴趣似乎是
走向纯粹内在性的下一个逻辑步骤：首先区分上帝与自然，
接着是祛魅，然后满足于仅仅是自然并因此肯定自然的自
治与充分性。这样一个关于自然之"自治化"的故事，假定
了一种信仰上帝与"对自然本身"（第 91 页）之兴趣的对立
或二分。

这样一个故事的唯一问题是，它无法解释两个重要的
历史现实：（1）**基督徒**首先**基于神学原因**表达了对创造或自
然的一种新的兴趣；（2）这一兴趣显然并不与对上帝的信仰
以及一种对超验性的肯定相排斥。更具体而言，中世纪晚

期和文艺复兴对自然、具体的形象以及特殊性的兴趣，是植根于一种新的道成肉身式的（incarnational）灵性（第 93 页及以下）。这是一种非常"福音性的"发展，它关注将基督带给世界，并从此出发认识上帝自己"道成肉身的"行动——在肉身、历史（等等）中与人性相遇——这非常明显地表现在这一时期的艺术作品中。"所以，将基督带入世界的尝试并不让人奇怪，这个世界是凡俗的，原本是不圣洁的，而且，这样的尝试应该唤起对于此世的重新强调"（第 94 页）。它首先是一种在敬虔方面的革命，而不是形而上学的。因此，"对自然的新兴趣并不是跨出宗教世界观的一步，哪怕部分上也不是；它是宗教世界观内部的一个变异"（第 95 页）。从之后的角度看，这一转变**看上去**也许像是迈向无求于外的人文主义的第一步，但一开始它并不是——并且**可能**走向其他方向。[13] 泰勒总结道："显然正确的是，自然的自主性……最终成为无求于外的人文主义磨坊里的谷粒。如果你认为建立此自主性就已经是迈向那个方向的一步，就大错特错了。"（第 95 页）

与其对原因复杂性的曲折解释相一致，泰勒注意到另一种大致上与对道成肉身的强调平行的发展：唯名论（nominalism）的兴起，这**确实是**一种形而上学命题。泰勒注

42

---

13. 我们也应认识到，文艺复兴并非一种同质的运动。甚至鲁斯金（Ruskin）在《威尼斯的石头》（*Stones of Venice*）一书中，认出了两种文艺复兴——一种是鲁斯金和泰勒所赞美的文艺复兴，另一种则是沃尔特·佩特（Walter Pater）和奥斯卡·王尔德（Oscar Wilde）所描述的文艺复兴。

意到,唯名论最初并非一种世俗主义,因为唯名论背后的动机基本上是神学性的。具体来说,唯名论的产生,是为了在形而上学的层面赋予上帝的主权和力量一种根本的意义。诸如司各脱(Scotus)等唯名论者所关注的是:亚里士多德主义关于人类"本质"的观念,认为人类的善是由人类的**本质**或**目标**所决定的;因此,成为善有一条确定的道路。造物主上帝也许已经创造了这一目标或本质,然而一旦被创造出来,它似乎就对上帝形成了约束,因为使得人们能够实现他们的(善的)目标,要求上帝也在某种程度上"符合"这种善/目标。"但对一些思想家来说,这似乎是难以接受的,因为这是企图限制上帝的主权。上帝必须始终保有决定何为善的自由。"因此,如果人们想要保存上帝的绝对主权,就必须抛弃"本质"(essences)以及独立的"属性"(natures)这样的概念。这样做的结果,便是一种被称为"唯名论"的形而上学图景,在其中,事物只是被如此命名(named/nom-ed)而已(第 97 页)。

　　泰勒评论说,"如果这是对的,那么作为倚赖性的、被造的能动者,我们与这些事物的关系,就不应该根据事物显示的规范模式,而是根据我们的造物主之自主的超级目的〔这是我们无法先验地知道的〕。事物所服务的目的是外在于它们自身的。这一立场从根本上来说是工具理性的立场。"(第 97 页)这样一种形而上学转变的结果之一,是目的因(final causality,一种吸引或"拉扯"的原因)之遗失,任何为了事物/本质的目的论都不再有意义。理解某物不再是理

解其"本质"以及其目标（目的）。相反，我们得到了我们今
天仍然身处其中的"机械性"宇宙，在其中**动力因**（efficient
causality，一种"推动"的原因）是唯一的原因，且它只能通过
实验的观察而被认识。当然，这正是科学方法背后的假设，
是一种发现事物之动力因的方法，它并非通过认出"本质"，
而是通过对模式等的经验观察。其结果无异于"一种对存
在的新理解，根据这种理解，所有内在目的都被排除了，目
的因退场了，仅剩下动力因"（第 98 页）。

　　然而，别忘了泰勒关于曲折道路的观点：道成肉身式的
对自然的兴趣并不必然成为自然自治化的其中一步；相反，
只有当它与另外的发展（即唯名论）"混合"在一起，它才走
向那个方向。这是发生在这两者之间的一种知识的化学反
应，它产生了二者任何单独一个都不会产生——或不会希
望产生——的副产品。泰勒强调的是这些发展的偶然性：
它本来不一定会如此，若没有唯名论的胜利，我们对自然本
身的关注可能非常不同。

　　泰勒在伦理学和政治学的领域中看到了一种自然"自
治化"的平行物，表达为"教养"（civility）这一目标（第 99
页），这是一种对**管理**我们的激情以及社会生活的关注。教
养变成了一种自然化的、世俗化的成圣。"教养不是你到了
历史的特定阶段就能轻松获得的东西"；相反，"教养要求克
己，不是放任自流，而是改头换面。它是一种重塑自我的挣
扎"（第 100，101 页）。这要求**规训**（disciplines），而且这些
被规训的公民还会成为大众公益（特别是生产力方面）的贡

献者。这实际上被纳入了一个**自我**规训的计划之中（第111页），即一种内在化的规训，同时也推动了"警察国家"的发展——规训作为治国之道（第110－111页）。泰勒再一次注意到了形而上学与政治学、本体论与治国术之间的联系：如果唯名论是对的，那么"我们不仅必须改变科学的模式，不再探寻亚里士多德或柏拉图的形式，转而探求动力因；而且可操纵的宇宙邀请我们发展那种'效能知识'，或是控制的科学"（第113页）。结果是一头巨兽的出现：一种基督教化的新斯多葛主义，将一个上帝附在了斯多葛主义对行动和控制的强调之上。"新斯多葛主义是一次急转，而自然神论则是另一次急转"（第117页）。

　　因此，成圣的宗教盼望被不断普遍化，产生了一种关于社会如何能够被组织以及应该怎样组织的新愿景。然而，一种相应发生在宗教实践中的转变也必须被提及。这些发展——去圣礼化以及"规训"的普遍化——伴随着前现代基督宗教其他一些关键特征的"式微"。泰勒特别强调了**崇拜**之重要性的丧失："基督教某些关键元素，那些与恩典和圣爱有关的要素，已经被遮蔽了，这就决定性地改变了这一世界观的重心。更有甚者，敬拜上帝似乎失去了关键位置，除非通过理性和恒常的培养。"（第117页）正是在这一语境中，泰勒论证中的护教及论战的锋利性才能被感知。事实上，当他严厉地指出"这种缄默可被视为'你自由选择教会'"的邀请时——一种将教会视为志愿联合的典型的新教观念——人们也许可以感觉到他在基督教内部的论争中所

44

支持的立场。或许，正是泰勒这个罗马天主教徒在这些发展中看到"将敬拜最终贬低为可有可无"（第117页），这也许并非偶然。在讨论他引入了作为改革后果的**道离肉身**（excarnation）的观念时，我们将再次遇到这些主题。

同样，这里并不存在直线，不存在一条不可避免的"进步"道路，直接从魔法通往现代、从破碎的超验性通往有序的内在性。相反，这里有各种变化与转向，以及曲折的道路，它们本可能通向他处，但——在特定的历史偶然性作用下——最终产生了我们所知道的无求于外的人文主义和世俗性的可能性。为了理解它为何**并非**不可避免，我们需要尝试想象这些张力和冲突在一个动荡的大时代中的混乱性。因此，泰勒概括道："一种描述当下环境［我们的'世俗时代'］的方式认为，许多人只为纯粹内在的目标而生活就已经觉得很幸福了；他们的生活方式无需考虑超越者。"（第143页）是什么使之成为可能？我们是如何抵达这里的？原来是**神学**转变与各种改革运动一起使之成为可能。一旦我们学会了**区分**超验与内在，便"终于可以将周围环境视为'自然'层面的存在，无论我们在多大程度上相信它们指示了某种超越的东西"（第143页）。我们也许可以说，即便是基督徒，也在实践的意义上被祛魅了。

然而，我们不能只从今天的角度，将世俗人文主义的成就视为这种转变的必然结果。事实上，泰勒将这种过分自信视为未能看到一件讽刺的事：对无求于外的人文主义而言有着根本意义的"自然化"，最初是为基督教的敬虔所激

发的。[14]"反讽之处正在于此，敬虔和信仰的丰富果实，都在　45
为脱离信仰、进入一个纯粹内在的世界铺路"（第 145 页）。

　　在泰勒看来，这些东西不只是无意义的形而上学空想；
相反，这些西方社会想象的转变，影响了我们想象自己的
方式——即我们如何想象"我们"。"缓冲的"个体在一种
社会想象中成为了结果，而不仅仅是某种社会理论的一部
分。因此，出现了"一种对我们社会生活的新式自我理解
的成长和加固，这种自我理解赋予了个体前所未有的首要
地位"（第 146 页）。我们视作理所当然的，是我们如何实
际地想象我们自己——也就是关于我们在世界中的位置之
图景。

　　泰勒将这一转变——在其中社会将被视为一种个体的
集合（第 146 页）——描述为"大脱嵌"（the great disembe-
dding）。然而，如果我们想弄清*脱*嵌的意义，就必须理解为
它所轻视的嵌入。对理解这一章的观点而言，最重要的是
泰勒所说的前现代社会的"三重嵌入"，即一种与他称之为

---

14. 泰勒将文艺复兴时的意大利以及后来的荷兰绘画视为"现实主义"之出现
　　的绝好例子："这种绘画中的现实主义、柔和感、肉体感和具体性……不应
　　被解读为背离了超越性，而应在敬虔的语境中去理解，它有力地肯定了道
　　成肉身。"（第 144 页）然而，通过赋予物质世界以重要性，这些运动也给
　　予了内在性一种力量和稳定，从而令它不再需要超验性对其加以"悬置"。
　　换句话说，本来是"圣像的"（iconic）艺术作品——即一扇观察超验的窗
　　户——变成关注自然的现实主义，后者吸引了我们的所有目光和兴趣，因
　　此最终变成了一个偶像（idol）。有关这种对文艺复兴艺术的理解，见
　　Jean-Luc Marion, *The Crossing of the Visible*, trans. James K. A. Smith
　　(Stanford: Stanford University Press, 2004)，特别是他对卡拉瓦乔（Caravaggio）
　　的讨论。

迷魅的东西相伴随的社会结构:"人类主体嵌入社会,社会嵌入造化,而造化则包含上帝。"(第 152 页)[15] 因此,**脱嵌**是通过瞄准这个三重嵌入的不同方面而逐渐发生的(例如,祛魅瞄准的是第三方面;社会契约论瞄准的是第二方面等等)。

　　这一脱嵌的、缓冲的、个体主义的自我观念,渗入了我们的社会想象——在我们反思性地**思考**它之前,渗入了我们想象世界的方式之中。可以说,我们连同母乳一起吸收了它,以至于我们很难以另一种方式想象世界:"一旦我们安顿于现代社会想象,那它似乎就是我们仅有的一种想象,即唯一有意义的社会想象。"(第 168 页)泰勒更指出这是一**种想象**——并不是说它是全然虚构的,而是说这是一种对世界的**接受方式**。虽然我们认为这是"理所当然的",但事实上它却是偶然的和可质疑的。然而在我们能够质疑它之前,我们需要进一步理解它。

---

15. 请注意,他是如何表明,从无中(*ex nihilo*)创造已经打破了这一链条(第 152 页)。

第 2 章　无求于外：人文主义之路

　　我们是如何在相当短的时期内，从一个信仰上帝是默认前提的世界，进入了一个在很多人看来信仰上帝是难以置信的世俗时代？这个美丽新世界不仅仅是旧世界砍掉了作为补充物的上帝，也不仅仅是一个我们减去了超自然之后遗留的世界。一个允许我们，甚至鼓励我们不信上帝的世俗世界是一项成就，而不仅仅是个剩余物。我们的世俗时代是创造性的新选择之产物，是一种全新的意义重构。

　　因此，仅仅询问我们如何得到允许不再信仰上帝是不够的；我们还需要探究是什么代替了这种信仰。因为我们的世俗时代并非一个**不信**的时代；它是一个信仰其他东西的时代。我们无法忍受生活在一个无意义的世界。因此，如果之前赋予世界意义的超验性已经遗失，那么我们便需要一种新的意义叙事———一种新的"想象"，让我们能够在如今这个自足的、由气体与火焰组成的宇宙（universe）中想象一种生命的意义。这种"替代的"想象便是泰勒所说的

"无求于外的人文主义"，且他努力想做的，仍然是探寻这一人文主义怎样变成了现代性中的一个"可能选项"（第 222 页），与此同时拒绝那些无用的化减故事，其假定"一旦宗教的和形而上的信仰衰弱，我们就只剩下平凡人的欲望，这些欲望构成我们现代人文主义的基础"（第 253 页）。这是个重要的观点，如果我们不能理解它，便无法理解泰勒对化减故事的批判：在化减故事的叙事中，现代无求于外的人文主义仅仅是人类生活的自然目标。当我们逃离迷信的陷阱及超验的桎梏，我们便必然会进入无求于外的人文主义。在这样的故事中，人文主义是"自然的"。然而，泰勒在《世俗时代》第二部分所要表明的观点却是，我们曾经必须**学习**如何成为无求于外的人文主义者；它是一种选择，而非必然。

那么，是什么使之成为可能呢？

封闭与内在化：重置意义

正如我们已经看到的，我们世俗时代的很多特征均产生自宗教及神学的运动。泰勒在早期现代性对护佑（Providence）的理解中发现了一种**神学的**转向，这进而导致了一种**人类学**（甚至是人类中心的）转向，它体现为四个方面的变化。在讨论泰勒如何描述它之前，我们可以将之视为一个四重的**内在化**（immanentization）过程——一个微妙的过程，经由它，我们的世界和意义领域被封闭在物质宇宙和自然世界当中。在剥除了超验之后，这个世界被重新赋予了终极性及意义，但却是以从前无法想象的方式。泰勒认为这反映在四种"式微"（eclipses）之中，它们均是这一过程的多米诺效应。

第一种，也是最重要的，是一种他称之为"更远目标"或"超越人间福祉"的善之式微。[1] 可以说，在前现代未祛魅的社会想象中，存在着一种超越"在这个世界"取得"俗世"福祉的人类目标。正如他在其他地方所言："对基督徒来说，上帝乐见人间福祉，但'你的旨意得以成就'并不止于'令人间繁荣'。"[2] 简言之，无论是个人还是社会组织，其存在都具有一种永恒目标的意识——最后的审判、荣福直观（beatific vision），等等。在泰勒的阐释中，这一"更高的善"与对福祉的此世性关注之间存在着某种张力（回忆一下之前他关于平衡的观点）。这要求一种"超越"人间福祉的责任感。换句话说，此生并非"事情的全部"——认识到这一点意味着以一种不同的方式在此世生活。它会导致某些苦修禁欲行为的产生，例如：我们不能只是吃、喝、嬉戏，因为我们虽终有一死，但那却并非终局。之后还有审判。因此，

49

---

1. 然而，我认为泰勒的这种表述仍有其问题。因为他似乎将"人间福祉"限定为"此世的"或"俗世的"繁荣，最终在**被造的**善与**永恒的**善之间设置了张力；换句话说，他最终在创造的秩序与救赎的秩序——在自然与恩典——之间设置了张力。我认为这是一种特定的经院式托马斯主义的残余。在新教及改革宗传统中会强调自然与恩典、创造与救赎之间的一种根本的连续性，即便救赎永远"多于"创造。因此，无论"在此世"我们被要求任何"苦修"的训练，都并非对福祉的压抑，而是**为了**我们的福祉所进行的约束。

2. Charles Taylor, "A Catholic Modernity?," in *Believing Scholars: Ten Catholic Intellectuals*, ed. James L. Heft, S. M. (New York: Fordham University Press, 2005), p. 17. 但是正如我已指出的，我认为泰勒在此假设了某种错误的二分法。

正如泰勒所形容的那样，我们的快乐会被这一"更远的目标"所限制。

然而，泰勒在这个方面发现了一种重要的转变，这一点特别体现在亚当·斯密（Adam Smith）和约翰·洛克（John Locke）的作品里。历史上，护佑的教义为整个世界确保了一种仁慈的**终极**规划，而我们却在洛克和斯密那里看到了一种新的强调：护佑首先是为了安排**此世**的互利，特别是**经济**的互利。人类活动在根本上被视为一种"服务的交换"，因而整个宇宙都被以人类为中心的方式理解为这一经济活动的舞台（《世俗时代》，第177页）。在这一"新的护佑"中所发生的是上帝目标的"缩水"，一种对上帝自身旨趣的"经济化"："上帝赋予我们的目的就只剩下让我们去完成这个由他为我们所设计的互利秩序了。"（第221页）因此，即便是我们的有神论也变得人本化及内在化，上帝之护佑的目标也被内在化地限定。甚至对那些"正统的"人们来说亦是如此："甚至那些坚持正统信仰的人也受到这一人文化趋

很多福音派正在对其基要主义遗产中的"二元论"做出反应，这种二元论似乎**只**看重"天国"的价值，而没有对"此世"生活的重要性作出功能性的肯定。他们对此的反对体现为一种对"创造之善"以及社会公义之重要性的新强调。**这些发展是否可以在某种程度上被视为一种推迟的对"天国消逝"的重演？泰勒的解释是否也许是一个警世故事？**

50

势的影响；常见的情况是，他们信仰的超越维度变得越来越边缘化。"（第 222 页）[3] 因为永恒的式微，此世被放大，并且日益吞噬着一切。

　　泰勒将这种向人类中心之转变的第二个方面形容为"恩典的式微"。因为上帝对秩序的护佑被化约为一种为了人们的互利而设的经济秩序，且这种秩序与设计能够被理性所认识，所以"通过理性与规训，人们便能够接受挑战及认识它"。其结果是一种知识上的帕拉纠主义（Pelagianism）：我们不需要帮助便可解决问题。好吧，上帝仍然有其角色——或是作为令世界开始运转的钟表匠，或是作为未来将要评判我们表现的法官——但对中间的漫长过程而言，上帝却并无可以被认出的角色或功能，也不参与其中（第 222 – 223 页）。这正是泰勒认为这些都属于"护佑的**自然神论**"之特征的原因——一种开启了无求于外的人文主义之门的自然神论。

　　因为要紧的是内在性，且我们自己就能够解决问题，所以毫不令人意外，紧接着而来的便是第三个方面，即"奥秘感的枯萎"。上帝的护佑不再是神秘的；相反，它是一本打开的书，"清晰明了"。"上帝的护佑仅仅包含在我们所理解

---

3. 这种观点似乎与当代的福音派有着密切联系，后者正日益摆脱其"来世性"的敬虔，而变得越来越关注此世的繁荣（有关精彩讨论，见 N. T. Wright, *Surprised by Hope: Rethinking Heaven, the Ressurection, and the Mission of the Church* [San Francisso: HarperOne, 2008]）。泰勒认为，甚至是正统的基督徒也在不知不觉中吸收了这一内在化的、人类中心的转变。对这一关注的评述，见 Hans Boersma, *Heavenly Participation: The Weaving of a Sacramental Tapestry* (Grand Rapids: Eerdmans, 2010)。

的为我们预备的计划中。"（第 223 页）奥秘再也无法被忍受。

最后，结果之一便是我们丧失了任何"有关上帝的观念……那个观念就是，上帝希望人类改变，而且这样的改变会使人类超越他们目前的境况所固有的种种局限"（第 224页）。我们丧失了一种观念，即人性的目标超越了其当下的结构——因此也丧失了一种将"分享"上帝的属性（或"神化"[deification]）作为人性目标的意识。

然而，是什么支撑了这些转变？这里，泰勒再一次强调了把以经济为中心的**和谐**作为新的关注与理想："广泛流传的利益和谐说反映了自然秩序观念上的转变……，在此转变过程中，经济维度显得越来越重要，'经济的'（也就是有序的、和平的、生产性的）活动越来越被看作人的活动的模型。"（第 229 页）正如多伦多天虹体育馆（Sky Dome）的屋顶一样，天堂开始关闭。* 然而我们却几乎没有注意到，因为我们对这个平面的新关注已经将超验的东西转移到了我们的边缘视野。我们太专注于此，毫不悲悼头顶遗失的星空。

护教学如何削弱了基督教

在这一语境中，泰勒提供了一种对护教学策略的分析。这种策略出现在这些转变中，它们不仅是对这些转变的回应，而且已经是对它们的一种反省。在尝试分析现代的社

---

* 加拿大多伦多天虹体育馆以可自动开合的穹顶著称于世。——编者注

会想象如何渗透至更广泛的文化中时，泰勒将焦点放在基督教**对**这一正在出现的无求于外的人文主义以及我们前面提到的这些"式微"的回应上。他发现，这些回应本身便已经认输了；换句话说，对这种超验性之消逝的回应已经在一些重要方面认可了它（泰勒后来将此称为"预先收缩了的宗教"［第 226 页］）。正如他所说："这种不满所引起的重大护教努力本身如此迅猛地窄化了关注焦点。它很少借助上帝的救赎行动，也不详述敬虔和祈祷的生活，虽然 17 世纪在这方面的实践是丰富的。所有的论证所专注的，就是去证明上帝是创造主，并表明他的护佑或护理。"（第 225 页）因此，我们在"基督教"对超验性之捍卫的名义下所获得的，是"一种缺乏神学阐释的信仰"，讽刺的是，这种信仰为无求于外的人文主义铺平了道路。上帝被化约为一个造物主，而宗教则被化约为一种道德（第 225 页）。护佑的自然神论的"自然神论"，带有很多在当代护教学中被捍卫的"有神论"印记。**基督教**信仰的独特性被削弱，以试图确保一个更一般化的神祇——好像保存**某种**超验性便足够了。[4]

当泰勒早前讨论这一主题时，他特别注意到这种护教学策略所捍卫的"宗教"与以**崇拜**为基础的宗教毫无关系："基督教某些关键元素，那些与恩典和圣爱有关的要素，已

52

---

4. 泰勒注意到，基督论的特殊性同样有所减弱："主张神圣权威的背后，还有基督这个人物的神性。虽然耶稣是上帝，抑或仅仅只是一个伟大先知和教师，与上帝是否是互利秩序的设计师这个问题并不相关，但依然有这样的试探，即放弃基督的神性问题或教义，滑向索齐尼主义（Socianism）或自然神论；或者对此问题采取怀疑论立场。"（第 238 页）

经被遮蔽了，这就决定性地改变了这一世界观的重心。更有甚者，敬拜上帝似乎失去了关键位置，除非通过对理性和忠诚的培养。"于是我们看到的是"将敬拜最终贬低为可有可无"（第117页）。这是一种缩水的宗教，它即将"被卫斯理以一种方式，以及后来的世俗人文主义者以另一种方式"拒绝（第226页）。

在护教学对内在化的回应中，还存在着一种重要的认识论妥协。这种"基督教的"护教学模式，接受了关于现代秩序的旁观者式的"世界图景"。我们不再将自身定位于一种形式的等级制中（在其中，我们不会对"更高的等级"是神秘且不可理解的感到吃惊），而是采取了一种上帝般的、冷静的"凝视"，屈尊而俯瞰全局。在这种模式中，宇宙呈现为"一个为我们所凝视的系统，我们据以在一个生动的画面中把握整体"（第232页）。正是在这一语境中，当我们采取一种"疏离的立场"时，**神义论**的问题就变得重要起来；在认为我们拥有一个全知视角的同时，我们现在认为自己能够解答一切迷惑，包括恶的问题。没有什么应该是不可理解的。

然而这一护教学事业——特别是有关恶的"难题"——其所采用的方式完全符合"缓冲的自我"（第228页）；在此之前，有关恶和灾难的恐惧和重负令我们诉诸一个拯救者的帮助，"现在的情形却是，我们认为，我们明白所有这一切是怎样发生的，于是，原来的论点也被取而代之了。人们在咖啡馆和沙龙（以及哲学课堂？）对上帝的公义进行反思，开始表达他们的不满,而神学家们则开始觉得,这是他们必须应对的挑战,要对这股正在来袭的不信潮流予以回击。可是,新发现的认识论困境却限定了他们对神义论的强烈关注"(第 233 页)。[5]

在这里,泰勒的"讽刺"出现了:在这一自然神论的转向之后,关于上帝或给上帝还留下些什么? 是的,"上帝仍然是造物主,因而是我们的恩人……但这一护佑仅仅保留为一般性的,特殊护佑和神迹则被逐出"(第 233 页)。换句话说,上帝在一个基本上与他无关的系统中发挥着某种功能。"但是,即使已有这样的认识,"泰勒总结道,"我们还是不清楚,为什么具有同样激励性的力量不能来自对自然秩序本身的默观,而无需提到造物主"(第 234 页)。护教学所捍卫的缩水的上帝和预先缩水的宗教变得根本无足轻重,拒绝它也不会产生任何影响。换句话说,一旦上帝的角色被(我们应该加上**他的捍卫者**)化约成一个自然神论的主体,谢幕的时刻便要到了:"因此,无求于外的人文主义越来

53

---

5. 对我来说,很难拒绝认出今天基督教哲学与护教学"产业"中仍有多少是这些转变的结果。可以对比一下基督教对"新无神论者"的回应,后者已经以一种类似的方式认可了无求于外的人文主义的游戏规则。或者思考一下有多少"基督教"哲学仅仅满足于作为一种"有神论"哲学。我的同事斯蒂芬·J. 维克斯特拉(Stephen J. Wykstra)从恶出发的怀疑论论证对这种能够"看到"一切的认识论预期提出了反驳。见 Stephen J. Wykstra, "The Humean Obstacle to Evidential Arguments from Suffering: On Avoiding the Evils of 'Appearance'," *International Journal for Philosophy of Religion 16* (1984): pp. 73-93; Wykstra, "Rowe's Noseeum Arguments from Evil," in *The Evidential Argument from Evil*, ed. Daniel Howard-Snyder (Bloomington: Indiana University Press, 1996), pp. 126-150。

作为一种可行的灵性观深入人心，而不是作为一种理论仅
由少数人掌握……那些观点——即人们据以把上帝视为确
定秩序的力量之必不可少的源泉——开始褪色，并变得难
以觉察。迄今为止，从来未曾被想到过的，开始变得可以设
想了。"（第 234 页）[6]

下一步："文雅"社会的政治学

"可想但尚未想出"，泰勒承认（第 234 页）。只是**可以**
想象。因为无求于外的人文主义若要成为一种"可能的选
项"，还需要有一种**政治的**转变，其能够反映出神学的转变
或者与这种神学转变相一致。正如我们所看到的，宗教向
"神学上更简化"（即更不确定、更不明确、更不具体、更少
被**实践**）转变，同样，政治秩序也将从任何一种特殊的教权
中解放出来。**现代道德秩序**（modern moral order）——正如
泰勒经常称呼的那样——等同于互利（"经济"）的社会秩
序，它将会反映出这种关于宗教的一般性本质。脱离具体
的基督教教义，同时与一个更一般的自然神论的上帝关联，
现代道德秩序独立于任何一种具体的——因此也是可质疑
的——关于这一上帝的主张。如果这些护教者的一般宗教
"独立于教会或特定教义的权威"，那么国家和政治生活同
样能够得到解放。"当然，这并不必定意味着独立于宗教；

54

---

6. 在此语境下，泰勒引述了迈克尔·巴克利（Michael Buckley）的经典研究，见
Michael Buckley, *At the Origins of Modern Atheism* (New Haven: Yale University
Press, 1990)。

因为如我前面所描述的，在护佑理论框架中很容易想象现代道德秩序，即作为上帝为人类做出的设计。但这正好增强了立足点：视这种秩序为上帝的设计，也就赋予了它权威，它因此既不能被来自天主教教义权威的任何判决所推翻，也不能被人们以任何专属于某个教派的教义之名义所拒绝。"（第 237 页）[7] 换句话说，我们创造了一种"公民宗教"（civil religion），其根植于一种"自然"宗教，因此被认为超越了教派的对立。（欢迎来到美国！）终极者和超验者被保留的同时亦被边缘化，以及越来越不重要。我们对终极的不同理解，和追求"互利秩序"的规划相比，日益淡出人们的视野。[8]

从这里出现的，则是泰勒称为"礼貌社会"（polite society）的事物，一种新的、以自身为目的的、自给自足的社会性。

> 礼貌文明和它确立的道德秩序，很容易被当作是一个自足的（self-sufficient）构架，人们会在这个构架内去

---

7. 那些拒绝接受这些规则的宗教形式，即是那些继续持有一种"社会性理想"以及"神圣权威"的宗教形式，例如天主教教会或英格兰教会中对权威之"高派"解释。（这些让我们想到某些激进的伊斯兰教派会对这种想象感到不安。）"一系列非基督教和反基督教立场（从种种形式的自然神论和神格一位论到无求于外的人文主义）的实际形成，也能在这一潜在的和经常也是实际展开的斗争领域中，得到最恰当的理解。"（第 238 页）

8. 一种对此的诚实评估，将不得不处理这样一个事实，即这一霍布斯及洛克式的策略，似乎确实缓和了困扰早期现代欧洲的"宗教战争"。有关对这一点的论证，见 Ephraim Radner, *A Brutal Unity: The Spiritual Politics of the Christian Church* (Waco, Tex. : Baylor University Press, 2012)。

55

寻找社会生活、道德生活和政治生活的标准；它所承认的仅有的超越关联，是那些用来巩固该秩序且不会为侵犯该秩序的行为提供辩护的关联。在社会层面和文明层面，它完美地契合于、其实是表达了前述的"缓冲的身份"，即因祛魅而产生的自我理解。换言之，它是这样一种社会的和文明的构架，该构架禁止或阻止了超越存在与人类的某些关联，而在历史上，经由这些关联，超越存在会以某种方式影响人们，并临在于他们的生活。此构架倾向于在文明的水平上完成并牢固树立起我前面所描述的人类中心主义转向。它为缓冲的身份建立起缓冲的世界。（第 238–239 页）

一方面，泰勒时常将这些变化描述为减少的：缩水、缩小、降低门槛等。另一方面，"缩水"并未被经验为减少，好像我们所拥有的东西变少了。相反，向内在性的退缩实际上放大了其重要性。内在领域——亦即此世的维度——的重要性不断增加，以至于外在的及超验的领域逐渐式微。因此不存在什么挽歌；如果有的话，也是一种新的自信、兴奋以及庆祝。看**我们**能做什么！

上文所提及的知识上的帕拉纠主义（**我们**可以解决一切的自信）现在结合了一种文明的或文化的帕拉纠主义：即一种**我们**可以令**此**世有意义的自信。泰勒注意到，"一旦目标缩小了，就会让人感到，那目标是靠我们独自的力量就能囊括在手的。恩典显得不太重要了。"（第 244 页）现在我们

能够开始看到无求于外的人文主义是如何出现的:"舞台已
经搭好,可以上台了。"然而消极的许可(我们不再需要恩
典)并非其出现的充分条件。还需要有一种积极的推动,即
"肯定性的一步,据此道德/灵性源泉可被经验为纯粹内在
的……我们需要明白,假如丝毫不提及上帝,但又纯粹内在
于人的能力范围之内,要去经验到道德完满、识别我们最高
道德能力和道德抱负的中心,是如何变得可能"(第 244 -
245 页)。[9]正是互利的秩序为此提供了机制。互利的秩序
提供了一种道德目标,它被经验为一种义务,但同时又是可
以达成的——凭我们的力量达成。

　　在这里,作为一个黑格尔主义者,泰勒认为,即便无求
于外的人文主义拒绝了基督教,它仍是**通过**基督教才变得
可能。互利的秩序是一种基督教普救论——爱邻人甚至爱

56

---

9. 泰勒关于"完满"的观点已经受到了很多批判。例如,见 Jonathan Sheehan,
　 "When Was Disenchantment? History and the Secular Age," in *Varieties of
　 Secularism in a Secular Age*, ed. Michael Warner, Jonathan VanAntwerpen, and
　 Craig Calhoun (Cambridge: Harvard University Press, 2010), pp. 217 - 242,尤
　 见 pp. 229 - 231。这些批判大都认为"完满"这个范畴在伪装成一个一般
　 或普遍概念的同时,其实是一个特殊的宗教观念。在后文中,泰勒澄清了
　 他的意图,并依然坚持其观点的普遍性:"我希望将它作为某种范畴词语来
　 使用,以体现我们每个人(像我主张的)将生命视为某种更完满、更高、更真
　 实、更可信、更强烈……形式的不同方式。类似的形容词可以很多,因为我
　 们能采取的立场无穷无尽。原因何在? 因为我认为,尝试通过关注某种立
　 场中包含的对完满的理解,以抓住这种你并不熟悉甚至感到迷惑的立场,
　 是非常有价值的。特别是如果你真的想要理解它,想要感受到它对其参与
　 者所拥有的力量,而不只是简单地对其视而不见,价值就尤其凸显。"(《世
　 俗时代》,第 315 页[本书原文如此,出处似乎有误。——编者注])想要理
　 解泰勒所尝试命名的这种现象,可思考德赖弗斯和凯利关于淹没一切之
　 "浪潮"的观念(Dreyfus and Kelly, *All Things Shining*, pp. 199 - 202)。

仇敌——的世俗化。如果基督教曾经摈弃了异教的部落主义，那么无求于外的人文主义的互利亦是采纳了同样的普遍化动力，但现在认为它属于自足的人类能力范围。我们**应该**关注他人，我们**应该**变得无私，而且**我们**有能力达至这一理想。因此，泰勒再一次将此形容为一种"内在化"："现代无求于外的人文主义的主要目的，却是要把这种仁慈能力内在化。"我们需要理解，"在现代各种人文主义与古代思想的关系问题上，我一直在强调前者的创新，它们摆脱基督教信仰，但又利用其形式：主动地重新奠定秩序；工具理性；普遍主义；仁慈。当然，它们也旨在拒绝基督教超越人间福祉的渴望。因此，舍己，只有有助于现在定义的普遍福祉，才被认为是理性的和自然的，即使如此，也要在合理的界限内。除此之外，都被谴责为越界或狂信"（第 247 页）。无求于外的人文主义努力想要实现的、内在性中的"道德完满"，原来就是"圣爱类比"（agape-analogue），因此它有赖于基督教。[10] 事实上，泰勒的（相当黑格尔主义的）观点非常有力："若是在任何其他基础上，向无求于外的人文主义转变恐怕是不可能的。"（第 247 页）[11]

　　"因此，并不是说，一旦旧的神话解体，或教会这一'声名狼藉的'旧制度被摧毁，我们就掉进了无求于外的人文主

----

10. 当然，圣爱类比非常不同于基督教的圣爱，原因在于它的内在性以及对**恩典**的拒绝。这正是为何它必然反映出"同时针对自然和人类社会的激进的、干预的立场"（《世俗时代》，第 246 页）。
11. 而"该转变也不会必然发生，"他补充道（第 248 页）。

义。"（第 255 页）无求于外的人文主义是一项**成就**："此发展，即这一纯粹内在意义上的普遍纽带，是一项重要成就，是人类历史上的一个里程碑。"（第 255 页）事实上，以这种方式发现完满性和意义的内在来源将会变成"现代不信的特征"（第 257 页）。

现代人的宗教

我们之前看到的人类中心的转变，在宗教自身之中亦有其对应物。在第 7 章中，泰勒追溯了这一相应的"对上帝之理解的变化"。再一次，泰勒注意到在拉丁西方世界，基督教既是新的现代社会想象之无意识的起源，**又是**它的**一面反光镜**——即便基督教也试图抵抗它。

变得日益令人不快的（distasteful，选用这个词经过深思熟虑）是关于上帝之能动性（agency）、因此是上帝之位格性（personhood）的观念。这一观念有时被视为一种过时的"宗教狂热"而被摒弃，另一些时候则被视为一种对宇宙秩序的威胁。人们日益希望抛弃这种观念，即"把上帝看作一位在历史中进行干预的能动者。上帝之为一个能动者，可以作为宇宙的原初建筑师，但却不能作为众多特殊干预的始作俑者，无论这些具体干预是不是'神迹'，它们都是民众的虔信和正统宗教的内容"（第 275 页）。这样一个积极主动的上帝，会侵犯我们为防止这样的侵犯而创造的缓冲领域。因此，主宰宇宙的"神"是一种**非**位格秩序的建筑师。简言之，我们现在都是石匠。

58　　　　然而，对上帝的位格性和能动性的拒绝，等于拒绝了基
督教的整体结构，而这一整体结构围绕着宗教作为**共融**
（communion）这一观念。[12] 根据历史的、正统的基督教信仰，
"救恩会受阻，设若我们把上帝当作一个非位格存在，或仅
仅当作我们必须与之相适应的非位格化秩序的创造者。也
可以说，救恩要产生果效，只能靠着我们与上帝的共融，而
且是经由处于共融的人们的共同体，即教会。"（第 278 -
279 页）对上帝的去位格化，等于否认共融和共融**的**团体的
重要性——后者即是教会，举行"圣餐"（Communion）的
场所。

因此，毫不令人意外，这种非位格秩序的"宗教"也是去
共融、去仪式化、无实质的。泰勒建设性地将其形容为一种
道离肉身的过程。与基督教信仰的核心信念——超越的上
帝在拿撒勒的耶稣中道**成**肉身，取了人的身体——相反，道
离肉身是去实质化和抽象化的运动，是一种对于具体化的
特殊性（以及共融）的厌恶与逃离。它将成为一种"净化
的"宗教——既是仪式与圣物的净化，亦是情感与身体的净
化（第 288 页）——康德的"理性"宗教即是这种宗教的典
范。随身体而消失的是基督的身体；即是说，伴随着对物质
的舍弃，我们也看到了教会作为一个共融团体的消失。"自
然神论立场的背景假设，涉及把宗教真理问题分解出来，使

---

12. 泰勒认为共融的主题概括了基督教："理解整体的核心概念是共融，或爱，
同时用来定义上帝的本性和我们与他的关系。"（第 279 页）

之无关乎参加某个宗教生活的共同实践（祈祷、信仰和希望等多个侧面都交织在这种实践中）。"（第293页）

我们可能会将它形容为"自然神论的"宗教——如果它看上去没有那么像当代新教的话。[13] 我们还可能会愿意将其等同于新教的"自由主义"潮流——如果它听上去不像许多"进步的"福音派那样。

泰勒更早之前对新教之"祛魅"的批判，在这种对共融的摒弃，以及对圣餐作为基督教崇拜实践之核心的摒弃中，找到了其必然结果。**我们能否想象一种新教，其既为圣言、也为圣坛留有空间——为"由聆听而来的信仰"和与三位一体的上帝共融的信仰留有空间？**人们也许会说，如果不考虑其继承者灵性上的平庸，这就是约翰·加尔文的新教。

泰勒将其视为通向无求于外的人文主义和无神论的大门。从道离肉身到中伤宗教，只有一步之遥（第 293 – 294 页）——它在新的千年为基督教提出了重要的问题。

59

然而让我们记住：到此为止，泰勒只带我们回顾到了 17 世纪！还有很多故事有待讲述。然而在结束第二部分之际，泰勒对他已经做出的分析和论证做了一个有用的总结：

---

13. 泰勒毫不讳言这一点，在后文中他声称"这种改革的方向是朝向一种意义深远的道离肉身"（第 614 页），以及"改革宗基督教的发展……将身体降格"（第 611 页）。事实上，他说这是"本书的一个主要论点"（第 614 页）。然而，如果我们注意到——即使是特别注意到——在新教福音派中不断增长的对具体形象、仪式以及美学的关注，那么泰勒的观点理应有所缓和。

　　把所有这一切综合起来，我们就能看到，某种框架性的理解是如何开始被构成的：得益于宇宙秩序、社会秩序、道德秩序等这些非位格秩序的强有力出场；被超脱立场的力量及其威望所牵引，继之又被人们关于与之不同的另一条道路的认识所认可，即这种认识以精英们眼中卑劣的、令人害怕的大众宗教形象为基础，在所有这些因素的共同作用下，人们就会产生一种坚定不移的信念——我们居于一个内在的、非位格的秩序中，而对居于其中的那些人来说，这一信念会遮蔽所有无法符合该框架的现象。（第 288 页）

　　看到四百年前的我们原来并不是一件很难的事；这就好像我们正在观看我们当代文化童年时的照片。

60

第 3 章　内在隐忧：世俗时代的　　　"感受"

　　《世俗时代》的第一部分（"大改革"）思考了中世纪晚期和现代早期的改革运动，这些运动开始令西方的可信性条件发生改变，并使无求于外的人文主义成为一种可能（特别是通过祛魅和"缓冲的自我"）。然而这只是一种可能性的条件，而非必然性的条件。第二部分（"转折点"）论述了令无求于外的人文主义成为一个切实"可能选项"的肯定性变化：一种神学转变，给予我们自然神论的非位格上帝，以及伴随而来的知识及文化的帕拉纠主义，后者为一种内在性之中的"圣爱类比"提供了基础。这令我们能够在摆脱永恒性和超验性的同时，不致放弃一种"道德规划"——一种赋予我们的奋斗以意义的视域和使命。

　　当然，这意味着泰勒现在已经将我们带至世俗 3 的时代——在其中可信性结构已经发生改变，信仰的条件业已

变化,而有神论信仰不仅不再是默认选项,更是被积极地
质疑。我们已经不再身处一个基督教王国。

　　在他的分析与论证的第三部分("新星效应"),泰
勒——虽然仍以一种历史的模式——开始就生活在这些新
的"信仰条件"中意味着什么,给我们一种实存的"感受"。
简言之,他开始尝试抓住生活在一个世俗 3 时代的**感受**。[1]
全然不同于一个统一的空间或"经验",我们的世俗时代以
张力和断裂为标志。当无求于外的人文主义成为一个可能
的选项时,它并没有立即抓住所有人的想象。事实上,强烈
抵制几乎立刻便出现了。因此,我们世俗时代的空间是充
满忧虑的,而在第三部分,泰勒以一种文化人类学的模式,
尝试抓住其原因及内涵。在这方面,较之那些自信的世俗
主义者 2,他是一位更可靠的向导;前者试图让我们相信,一
个"世俗的"世界是一个冷静的、铁板一块的、"理性的"时
代,在其中,每一个明智的人(即那些不信宗教的聪明人)都
生活在一种安静的自信中。[2]

　　然而,泰勒并不相信这种观点。在他看来,我们的世俗
时代被超验性所萦绕,并且一直都是如此。当然,信仰在我

---

1. 回顾科林·雅格关于《世俗时代》之论证的有益洞察:"泰勒的问题——即
　　'世俗性内部的人们感受如何?'——是一种只有某种世俗时代已经来临之
　　后才能被问出的问题。"(Colin Jager, "This Detail, This History: Charles
　　Taylor's Romanticism," in *Varieties of Secularism in a Secular Age*, p.173.)
2. 换句话说:这是伊恩·麦克尤思和马丁·艾米斯(Martin Amis)的小说所刻
　　画的世界(与例如朱利安·巴恩斯和大卫·福斯特·华莱士的小说世界
　　相反)。

们的世俗时代是被质疑的，也是可质疑的。这一点并没有倒退回去。甚至寻求迷魅都总是、而且也只能是祛魅**之后**的重魅（reenchantment）。[3] 然而，几乎就在不信变成一个选项的同时，不信者开始有了怀疑——也就是说，

> 生而有因，
> 死若孤魂。
> 怀揣最好的诗行，
> 却讲成笑话。
> 我若早知
> 生命终逝……
> 我不信我们唯有此途。[*]

他们开始怀疑是否真的没有"更多"东西了。他们担心世界是否由于祛魅的缘故而变得过于扁平了。在第三部分中（本章所要概括的内容），泰勒为世俗时代的忧虑绘制了一幅动态图，对于理解我们的当下而言它有着持久的重要性。

62

新星效应：交叉压力下的脆弱化

第二部分所描述的转向，其结果被泰勒描述为**新星效应**（nova effect）。这个天文学比喻指的是一种寻找（或制

---

3. 在其他地方，泰勒强调说，"祛魅的过程是不可逆的。对重魅的渴望……指向的是一个不同的过程，它确实能够复制一些类似于迷魅世界的特征，但并不是在任何简单的意义上恢复了它。"见 Charles Taylor, "Disenchantment-Reenchantment," in *Dilemmas and Connections: Selected Essays* (Cambridge: Harvard University Press, Belknap Press, 2011), p. 287。

* "盲人飞行员"（Blind Pilot）创作的《唯有此途》（Just One），引自专辑《我们是潮汐》（*We Are the Tide*, 2011）。——编者注

造）"意义"的"选择爆炸"。信与不信的新选项所带来的交叉争论，"结果导致了许多新立场……因此，我们目前的困境在于提供了全方位的可能立场"。我们发现自己在追求意义、价值和完满方面陷入了无数的选择之中。"新星效应"一词被用来形容我们关于幸福生活和人间福祉之愿景的碎片化（第 299 页）、多元化（第 300 页）和**脆弱化**（第 304 页）：因各种不同的选项而多元化；因其接近性及频繁程度而脆弱化。正如泰勒所评论的，世俗时代中的多元性有其不同之处：

> 事实上，只要我觉得，变得和他们一样并不是我的一种选择，这种信仰的多样性就被抵消了，就无法产生效应。只要另一种信仰是奇怪而陌生的，也许还是受鄙视的，且也许太不同、太怪异、太难以理解，所以变成**那样**对我来说是难以想象的，而我所要求的只不过是，它们的不同不会破坏我对自身信仰的忠诚。然而不断增加的接触、互动乃至联姻带来了变化，他者在所有事情上都变得越来越像我，除了信仰：同样的活动、职业、意见、品味，等等。因此，由差异带来的问题变得日益紧迫：为什么用我的方式，我的信仰是对的，而不是别人的？已经没有其他差异能令改变显得反常或不可想象了。（第 304 页）

讽刺的是，正是现代性生活之无法抗拒的同质性，令我

们的信仰立场变得更加奇怪和被质疑："均质性和不稳定性的共同作用，使得多元主义的脆化效果达到了最大值。"（第304 页）

结果则是一种"新星"效应，因为它所带来的不仅是一个只有两种选项的双向选择，而是无数种选择，它们由于这一多元化处境中的多重"交叉压力"而几乎扩散开来（第302 页）。正因如此，"我们现在生活在一个灵性的超新星上，即灵性层面的多元主义迅速增长"（第 300 页）。

泰勒对这一点的分析非常实存化（deeply existential）。正如他所言，当世界为了"我们现代人"而被祛魅，我们却同时在这种祛魅中经验了一种**失落**和**不安**（第 302 页）。正如我在导论中所提及的，我认为人们能够在大卫·福斯特·华莱士的小说中感受到这种交叉压力。人们也会在玛丽·奥利弗（Mary Oliver）的诗歌中感受到某种类似的东西，其诗歌的流行，也许更应归功于她能够说出这一为很多人所共有的交叉压力，而非只是其诗歌本身的价值。各种各样的人都能感受到这种"交叉压力"——被祛魅的内在性被推向一边，又被一种关于意义和超验性的意识推向另一边，即便只是一种遗失的超验性。

能够在多大程度上理解泰勒的论述，取决于我们是否"意识到""我们"拥有这样一种"感受"。他强调，"我要说的是，并不是所有人都有这种感受；许多人的确有，而且范围远远超出那些正式的有神论者。"各种各样的人都感受到了自己身处其中；"上述情况反映出，在面对正统宗教和不

63

64

信的对立时,包括那些最好、最敏感的思想家在内的许多人,也因意见纷呈而开始寻找第三种道路。"（第 302 页）正是这些交叉压力的强度导致了爆炸和新星效应,后者实际上是各种"第三条道路"的爆发。

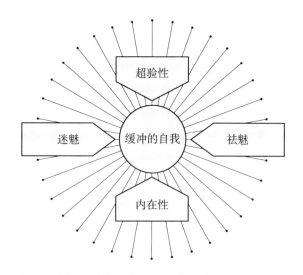

图 1　世俗 3 时代中由交叉压力所产生的新星效应

　　然而,伴随这一爆发的还有一种隐忧,其自身即是一种缓冲的身份所产生的各种结果之一。保护我们的自我"缓冲"同时也封闭及孤立了我们。"这种隐忧正是缓冲的认同的特点,这种无懈可击感虽将邪灵、宇宙力乃至上帝挡在门外,但其危险之处在于,再也没有什么重要的东西需要坚守。"（第 303 页）在与迷魅隔绝的同时,现代缓冲的自我也与意义相隔绝,只能在无聊的烦闷中反复思考。正是这一隔绝带来了压力：自我的"不受任何超越人世的事物所伤害"，也带来了"某种东西被封闭在安全围墙之内的感受"（第 303 页）。我们被隔绝的状况带来了一种宇宙性孤立意识。我们也许低估了祛魅维系意义的能力。然而现在已经没有回头路了。

反应：内在的隐忧

在一些重要方面，新星效应是由缓冲的自我所承受的交叉压力所产生。然而，其他一些因素也推动了我们世俗时代的这种内在灵性的超新星爆发。这里出现了一种现代性的"组合"（package）；这个"全套组合"包括了"缓冲的认同，它漠然或超脱的主体性，以及支撑它的规训，所有这些都维持着自由和互利的秩序"（第 304－305 页）。多元化在很大程度上是由对作为整体的现代组合，或至少是对其不同方面的消极反应所产生的。"我们现代人"对现代性并不完全满意。这些消极的反应包括了浪漫主义和敬虔主义，二者推动了某些选项从交叉压力的处境中爆发出来。换句话说，浪漫主义和敬虔主义是新星效应的一部分。

与此同时，也存在着对正统基督教的消极反应——"对正统宗教的指控"。再一次，这一指控的核心部分之一为神义论或其缺乏所推动（第 305 页；比较第 232 页）。换句话说，我们现在有了由恶的证据而产生的论证：若上帝是全善且全能的，那么恶就不应该存在。然而恶确实存在。因此，**这个**上帝必然不存在。

65

　　这种怀疑的论证只有在现代道德秩序及其在知识上的自信中才是可能的:"一旦我们声称理解了宇宙及其运作,甚至试图援引宇宙创生是为了我们的利益而解释其运作,那么这种解释就会遭到明确的挑战:我们知道事物如何运作,我们知道它们为何诞生,我们能够评判前者是否达到了后者所定义的目标。1775 年的里斯本[大地震]明显没有达标。于是内在秩序加大赌注。"(第 306 页)[4] 然而,我们必须理解这里已经发生的变化:恰恰是超脱的(disengaged)"世界图景"之出现,其相信我们拥有事无巨细一览无余的力量(对比第 232 页)。在这种立场出现之前,种种条件将会带来的是挽歌,而非神义论:"如果某人过着极为敬虔的生活,那么这种坚持信靠上帝可以成为显见的道路,而如果人人都在这方面与你站在一起,这种坚持就会更容易。"(第 306 页)

　　泰勒接着回过头来,思考对祛魅和缓冲的自我的消极反应——追溯这些反应如何增加了"交叉压力"中的压力。虽然他将会提供一种对这些不同反应的分类,但他也认为它们全部围绕着一个共同的"轴","我们的文化中有一种整体感,即如果超越性式微,那么**有些东西可能会随之失落**。"(第 307 页,粗体为笔者所加;故意使用祈使语气)正是这种缺乏、失

---

4. 1755 年的里斯本大地震产生了一系列对"恶的难题"之回应,其中最著名的回应来自莱布尼兹。有关进一步的重要讨论,见 Susan Neiman, *Evil in Modern Thought: An Alternative History of Philosophy* (Princeton: Princeton University Press, 2002)。感谢 Chris Ganski 提供这一参考信息。

落以及空虚——其为超验性的缺席所带来，并存在于这种缺席之中——**压迫**着无求于外的人文主义的内在性，产生了泰勒所说的"内在的隐忧"（第 309 页）。而伴随着内在性中的封闭而来的新的认知预期——即内在性领域中的一切都应该是可理解的——意味着我们认为这个问题是有**答案**的。不可思议性（inscrutability）不再是一个选项；因此如果信仰者没有在理性上可证明的答案，而只能诉诸上帝的"隐秘"意志，那么天平便会倾向于**我们**所知道及理解的答案。

66

　　这一认知的预期产生了一种实存的许可：我们可以反叛及革命。"神正论的失败如今更容易导致反叛，因为我们已将自我提升到了自由能动者的地位。"（第 306 页）而在面对恶时，我们甚至可以开始在孤独中找到一种奇怪的安慰，而无需上帝或诸神："倚靠我们（人类）自己，团结一致对抗着任由恐怖发生的盲目的宇宙，这里是有一种安宁。"然而，这是一种由对"内在秩序的现代意义开启的"可能性（第 306 页）。

　　然而，即便总是存在着对信仰的反对，特别是对正统基督教的反对——可以把它们想象成对抗超验性的垂直压力，以及迷魅的水平压力之选项——我们也不能忽视其他一些反应，它们对抗的是内在性所带来的窒息和祛魅的霸权。泰勒强调，对后一种反应的"轴"，我们事实上比我们可能承认的更为熟悉（特别是如果"我们"属于知识精英的话）。他主张，"我们文化中有一种共同意识，即如果超验性式微,那么有些东西可能会随之失落。"[5] 回想一下朱利安·巴恩斯那悲哀的嘲讽:"我不信仰上帝,但我想念他。"或者思考一下这间咖啡馆里歌曲的歌词:

> 我从小就被教导相信
> 我是独特的
> 像一片雪花,与众雪花相异
> 在能看到的每个方面都是独特的。
> 可现在,经过思考,我承认我不过是
> 某部大机器中的一个齿轮
> 服务于某种超越于我的东西。
>
> 但我却,我却不知那是什么。
> 你会看到,我将很快回到你这里。
>
> 我是谁;身在何方?
> 噢,告诉我,我应该怎样。[6]

67

---

5. 泰勒尝试限定这种主张:"我用了祈使语气,因为人们的反应往往大相径庭;有些人接受失落的概念,并试图定义它。有些人想贬低这种概念,将之粉饰为选择性反应,只有当我们任由自己沉湎于怀旧情结中才会发生。还有些人坚定地站在祛魅的立场,批评怀旧,于是接受这种失落感是无可避免的,这是我们为现代性和理性所付出的代价,而且我们必须有勇气接受这类条件,清醒地选择必然的结果。"(第307页)他认为马克斯·韦伯所选择的即是最后一种。

6. 海湾之狐(Fleet Foxes)的《无助蓝调》(Helplessness Blues)。亦可对比拱廊之火2010年发行的专辑《郊外》。

　　这里是什么在起作用？泰勒将其形容为一种模糊的、关于失落或缺乏的意识："也许诸如我们的行动、目标、成就这些术语，缺乏分量、严肃性、厚重感和实质性。它们缺乏一种更深的共鸣，而我们认为应该有这种共鸣。"（第 307 页）这种"被意识到的平面性"能够以不同方式、在不同时间显明自身。例如，在出生、结婚、死亡等各种人生大事中，我们能够清楚地感觉到其力量。我们仍然能够感受到一种压力，并且需要以某种方式凸显其意义。"我们总是将这些时刻与超越、神圣、圣洁、至高无上联系起来。前轴心时代的宗教即是如此。然而在此内在的围墙上留下了一个洞。许多人虽然与宗教并无关联，或是对宗教并无亲近感，但也会在人生重要时刻继续使用教堂的仪式。"（第 309 页）

　　人们可以在大卫·里夫（David Rieff）对其母苏珊·桑塔格（Susan Sontag）临终与死亡的回忆中有类似的感受。一方面，里夫面对这一经验表现出一种冷漠的"理性"；即便他的母亲曾经为不同信仰所诱惑，里夫也不愿接受任何"非理性的安慰"。[7] 另一方面，他的问题也证实了某种交叉压力。"我是否将某种特殊的意义赋予了她生命最后几年的热情，就好像在某种程度上她已经知道她时日无多了？"他问道。"抑或这只是一种徒劳的、非理性的人类愿望，在没有意义的地方强加意义？"[8] 并不是他为信仰所吸引，或者开始考虑

---

7. David Rieff, *Swimming in a Sea of Death: A Son's Memoir* (New York: Simon and Schuster, 2008), p. 78.
8. Ibid., pp. 18–19.

重魅;而是冷漠的祛魅似乎超出了我们所能承受的范围。

68 因此,里夫将我们带到了他最后一次和母亲一起前往巴黎的旅行,"我坐在靠窗的座位上……她坐在有把手的座位上",在去往蒙帕纳斯埋葬她的路上,"那里是最文艺的墓地,一个真正的诗人之地"。"当然,除非你相信鬼魂或基督教关于复活的神话,否则这么想就没有意义。原因很简单,我们所讨论的这些男男女女已经不复存在。人们能做到的最好的事——而且我不确定我是否相信它——是北岛所说的:'只要一个人的思想被说出或被写下,它们就会形成另一个生命,它们不会随肉体而消失。'"[9] 好吧,是的,你至少可以这样说——因为还有其他选择吗? 因此,我们看到了墓地中的里夫。这个冷静的儿子并没有失礼,"所以,一切都结束了。当她的遗体被降入墓穴,我跪在墓穴旁,仍能感觉到她的存在。今天,当我去给母亲扫墓,我不知道除了稍微打扫一下(我为我的母亲而打扫!——一种荒谬的角色互换)还能做什么。不管怎样,这个墓园的园丁们非常尽责,正如很多前来扫墓的人一样。然而我却不相信她在那里,或者任何其他地方,所以我很少停留很久。"但他继续说道,"我到达之后,快步经过波伏娃(Beauvoir),经过贝克特 *。一旦我走到母亲的墓前,我会凝视一会儿。接着跪下,亲吻墓碑,然后重新站起。接着我就会离开——匆忙

---

9. Ibid., pp. 175, 172.
* 贝克特(Samuel Beckett, 1906 – 1989),爱尔兰旅法作家,诗人,诺贝尔文学奖获得者。——编者注

地、有些困惑地——如果我沿原路返回，就会重新经过贝克特和波伏娃，而如果我选择另一条道路，则会经过萧沆[*]。并不是我没有任何有用的话可说：我只是无法思考。"[10]正如科马克·麦卡锡（Cormac McCarthy）的小说《长路》（*The Road*）中的叙事者所说："在你一无所有之处，凭空建造墓地，并在其上呼吸。"这是一种应对失落之压力的方法。

让我们重新回顾一下泰勒的论述：**失落感**施加了一种它独有的**压力**，一种与缺席有关的奇怪的压力。如果它能够在那些重要时刻被经验到，那么它也能够在平凡时刻被经验到。事实上，他承认"这可能是最伤人的地方，尤其是对那些有闲、有文化的人来说。比如，有些人体会到日常的可怕平凡，这种经验特别容易与商业、工业或是消费社会相联系。他们对消费文化中重复而加速的欲望和满足之循环感到空虚；那些明亮的超市硬纸板般的质感，那些位于郊区的一排排整洁的大房子；抑或是陈旧的工业城镇和废土堆的丑陋"（第 309 页）。[11]物质的极大丰富之所以会引发这一实存的缺乏感，恰恰是因为内在性的不断膨胀似乎根本无法弥补我们始终感受到的压力——来自超验性，来自迷魅。

这种对"失落"的分析，是泰勒的现象学方法的一个例证，它试图认出并为一种世俗 3 时代的人们所共有的经验

69

---

[*]　萧沆（Emil Cioran, 1911-1995），罗马尼亚旅法哲学家。——编者注

10.　Rieff, *Swimming in a Sea of Death*, pp. 176-177.

11.　拱廊之火的专辑《郊外》正是这种不安的真正声迹。

之特征命名。他的观点直截了当,但与此同时也有所保留:
"无论人们在此问题上采取何种立场,他们都明白(或**觉得**
自己明白)这里所讨论的是什么。至少在其希求的形式中,
这是一种人人都可获得的**感受**,无论他们将会怎样解释
它。"(第 307 页,粗体为笔者所加)注意他所诉诸的是一种
感受:如果他的现象学直指一种你难以摆脱的经验,那么它
对你而言便是可信的。而如果没有的话,那么泰勒并没有
任何"证据"可以提供给你。[12]

　　失落造成了一种压力。正如他正确注意到的那样,目
前,"这并不意味着治愈的唯一途径是回到超越性"(第 309
页)。不满和空虚**能够**驱使人们返回超验性。但通常——
也许现在更是如此——对这一难以摆脱的关于缺席的压
力,人们会在**内在性之中**寻找"治愈"的方法,而正是这一要
求产生了新星效应,即在内在秩序**之内**寻找爱／意义／价值／
准"超验性"。[13]"［这些寻求者们］也在寻求解决之道,或是
填补缺失,但都是在内在性之内;于是各种各样的新立场成
倍产生"(第 310 页)——这就是新星效应。

70 **一种想象的转变：现代的宇宙想象**

　　泰勒的故事接着有一个跳跃;我们被带入了以不信的

12. 正如他所承认的,"我仅在这里尝试描述一种普遍隐忧的形态,而且我意
　　识到这很有问题,因为还能提出许多种其他的描述。"(第 307 – 308 页)
13. 当然,人们可以在此使用一种完全是奥古斯丁式的分析,将其视为一种注
　　定失败的受造物**而非**爱造物主的规划(《忏悔录》第 4 卷及其他)。然
　　而出于显而易见的策略性原因,泰勒并未使用"拜偶像"这一范畴框架。

爆发而闻名的 19 世纪。[14] 但是泰勒认为，19 世纪的不信有些**不同**，不再是新星效应的增长和稳定累积。"不，"他主张，"19 世纪中期或晚期的转向不信，某种程度上是一种新事物……从某种意义上说更为深入。"（第 322 页）为什么？因为它现在反映出了一种发生在**我们现代宇宙（COSMOS）想象**中的转变——即"从造化（cosmos）到宇宙（universe）的转变"现在已经开始在我们的社会想象（social imaginary）中扎根："社会的"（social）意指这种想象为很多人而非仅仅是知识分子和精英所共有；"想象"（imaginary）则是因为它不仅是一种为少数精英知识分子所主张的理论或形而上学，而且更像一种被越来越多的人所接受为"理所当然"的世界观。换句话说，人们**想象**自然、环境以及宇宙的方式现在发生了一种根本性的改变。"我想强调一点，我现在讨论的是我们对万物的感觉。我不是在讨论人们相信什么。许多人仍旧坚持，宇宙是上帝创造的，而且从某种程度上说，是由他的护佑来治理的。我这里谈论的，是宇宙被自然而然地想象及其经验的方式。"（第 325 页）泰勒强调，这并非关于**"理论之间的替换"**。当故事只限于理论层面时，它像一个抽象的故事一样被讲出来。然而泰勒强调，我们在根本上并不是在谈论一种**理论**的转变，因为大多数人根本不谈论理

---

14. 见 David Hempton, *Evangelical Disenchantment: Nine Portraits of Faith and Doubt* (New Haven: Yale University Press, 2008)，以及 Timothy Larsen, *Crisis of Doubt: Honest Faith in Nineteenth-Century England* (New York: Oxford University Press, 2009)。

论！但是我们所有人却都在一种宇宙的背景中，"自然而然地想象"我们自己，而**这才是**泰勒所谈论的，他说："而我感兴趣的是，我们对万物的**感觉**、我们的宇宙想象，换言之，就是我们对世界整体的背景理解和**感知**，是如何被转变的。"（第325页，粗体为笔者所加）[15]

71　　泰勒将这种想象的转变概括为从"造化"（cosmos）到"宇宙"（universe）——从自然地将我们的宇宙想象为一个有序的、分层次的、等级制的、被照管的**地方**，到自然地将我们的宇宙想象为一个无限的、深不可测的、来源不明的**空间**。虽然这种转变也许已经为不断增加的经验证据所推进及放大（地质学证据指向一个更古老的地球；天文学证据指向一个无限的宇宙，等等），但泰勒更强调这一转变的**实存**（existential）性质。首先是一种宇宙环境——在空间和时间两个方面——的根本性**扩展**，它是可怕的、**神秘的**、令人不安的，而我们不再感到"适合"一个如家园般的造化。相反，我们看到自己被抛入以及漂泊在一个来源不明的、冷酷的"宇宙"，"来自各个方向的现实将其根源交给了未知和无法定位。正是这种感受将世界定义为'宇宙'而非'造化'；这也正是我说宇宙图景比造化图景更'深'的原因。"（第326页）因此，我们如今发现自己身处"时间的黑渊"，例如，"人类不再是宇宙的元老，而只是在浩瀚的时间长河中占据了

---

15. 这类似于托马斯·库恩（Thomas Kuhn）的"范式"概念，即一整套被视为理所当然、并因此**不被言明**的背景假设。因此，这部分的题目是"想象的转变"，以呼应库恩关于"范式转变"（paradigm shift）的观念。

最近的一小段而已。"（第 327 页）

其次，关于事物在**进化**的意识也在不断增长（第 327 页）——这种意识在达尔文之前就已经出现了。在这样一幅图景中，我们失去了造化的形式和本质——即由设计所创造的秩序。这也许解释了作为一种回应的、对设计的痴迷为何会在这一时期出现（例如佩利［Paley］著名的关于上帝存在的设计论论证）："在这个神经痛点上，症结在于人们在这一世界有强烈的缺失感，人们曾经在这里感受到上帝的在场，并习惯这样的支撑；人们常常会情不自禁地把这一支撑的缺失感知为整个信仰的瓦解，极其需要本不应该需要的安慰。"（第 329 页）这种对设计的痴迷表明敬虔的实践正在萎缩："一旦人们越来越多地生活在完全世俗的时代，上帝的永恒以及伴随的创世期就会慢慢成为仅仅是一种信仰而已，不论它有多少理性作为后盾，人们的想象力只要被轻轻一推，就会转向其他方式去解释那些难解的事实。"（第 328 页）

这一转变的后果是什么？甚至是信仰者最终去捍卫一种有神论的**宇宙**，而非圣经中的**造化**。新教对寓言的批判，结果之一就是消除奥秘（第 330 页）[16]，即便是信仰者最终也将圣经理解为关于宇宙的一部论文；简言之，你看到了年轻地球创造论（young earth creationism）的出现（第 330 页）。事实上，只有当现代的宇宙想象被信仰者和不信者同时接受时，所

72

---

16. 关于这一点的重要历史著作，见 Peter Harrison, *The Bible, Protestantism, and the Rise of Natural Science* (Cambridge University Press, 2001)。

谓的科学与宗教之争才会爆发。当这一刻到来时，"这些信仰捍卫者与他们的不共戴天之敌有着相同的禀性"（第331页）。换句话说，没有人比基要主义者更现代。这正是为何"'宗教'与'科学'的对峙"具有一种"奇特的内部性质"（第331页）。可是，这种假定的"'宗教'和'科学'之间的纯粹对峙是一种幻想，或者说是一种意识形态化的建构。现实中，思想者总是在复杂的、多层次的目的之间摇摆"（第332页）。[17]

人们可以理解这种宇宙的想象是如何发展至唯物主义的；可以说，如果内在性是自给自足的，那么物质就必须是存在的全部。这种发展的直接性为泰勒所发现，但并没有激发他更多的兴趣。相反，他感兴趣的是嵌入这种想象转变的另一种发展轨迹，即存在着一种持久的"我们的深层自

₇₃

---

17. 泰勒将托马斯·伯内特（Thomas Burnet）和维科（Vico）视为"宇宙想象转变过程中的关键人物"，因为在他们之中，我们能够看到"如今被视作一种现代宇宙想象的东西，是如何开始塑造他们的宗教观和情感的"（第333页）。或者正如他在其他地方所说，我们将会看到，自然现在在他们的**伦理的**及**美学的**想象中扮演了一种新的角色（第347页及以下）。这一新的宇宙图景或"想象"包含几个不同的因素：一种存在于"深层时间"之废墟的感受，一种"崇高感"的出现，以及一种不断增长的关于"人性幽暗起源"的意识（第335页）。泰勒聚焦于崇高感，将其视为制造意义之新星效应中的一个"个案"，以例证新的宇宙想象如何要求一种超验的代替物。崇高是由伯内特形容为"过剩"的东西所产生的，由"无际的星空、崇山峻岭、浩瀚的海洋和无尽的沙漠所引起的"（第335页）。崇高继而变成了一种类似于内在的（准）超验性模式。"我们需要打开我们琐碎的生命循环。自我专注的薄膜需要从外边刺破。"——而崇高在能够解决问题的同时，还能够"完全"避免超验性的各种问题。"'过剩'、巨大、奇特、无际、激发恐惧，乃至恐怖的景象，突破了这种自我专注，并且唤醒了我们对真正重要之事的意识，无论它是伯内特眼中上帝的无限性，还是康德眼中超感知的道德呼召；或者如后来的思想家所主张的，我们在面对缺乏终极目的的（telos）世界——永恒轮回的真相——时所拥有的一种英勇肯定意义的能力。"（第339页）

然感，对一条流经万物之洪流的感受，它仍然在我们心中回响；通过与自然的接触，扩展至某种更深刻的、更完满事物的存在经验；以及对一种宇宙之内奥秘的感受——这种感受已经从护佑的自然神论中消失"（第 350 页）。换句话说，某些为回应交叉压力而出现的"新星"，产生了一种新的感受，即我们在世界中的存在之迷魅性与奥秘性。"有人也许甚至想要声称，在一种纯粹唯物主义的视野中，这些东西不可能对我们有任何意义"——德赖弗斯、凯利及托马斯·内格尔（Thomas Nagel）最近的一些著作印证了这一点。泰勒所强调的"现代宇宙想象的突出特征是……它开放了一种空间，人们可以在所有的选项之间徜徉观望，而不必清楚明白地做出任何决定。在信与不信的战争中，这里可以被视作无人地带；而且作为一个中立区它足够宽阔，人们在这里可以完全避开战争。事实上，这部分解释了为何在现代文明中，信与不信的战争变得越来越不激烈，尽管有少数的狂热者仍在努力"（第 351 页）。这些少数派是不同类型的原教旨主义者——无论是宗教的或是新无神论的原教旨主义者——他们没能认出我们所居住的这一交叉压力的空间。

扩展不信

从超验性借来的资本

因此，我们生活在交叉压力的空间、新星效应的空间，多元而复杂——不同于如果人们相信所谓信与不信的战争

而想象出的安全且独断的地带。泰勒认为,我们中的大多
数人均不身处这场战争中任何确定的一方;相反,我们大都
生活在两个阵营之间交叉压力下的无人地带。

泰勒故事的独特之处在于他赋予文艺复兴和浪漫主义
二者的意义。有关现代性的哲学解释——以及关于我们当
下(或"后现代性")的解释——总是有一种认识论上的执
念,即将启蒙运动当作故事的核心。[18] 然而泰勒的解释则微
妙得多,它发现了文艺复兴早期的重要转变。而更重要的
是,泰勒赋予了浪漫主义作为转折点的核心角色——一种
现代性之中的反现代性。这也正是为何"我们可以将维多
利亚人视为我们的同时代人,这种感觉却无法轻易延伸到
启蒙时代的人身上"(第 369 页)。

因此,在第 10 章中,与聚焦于科学启蒙的化减故事相
反,泰勒讨论了**艺术**在创造作为我们世俗时代之特征的"开
放空间"中所扮演的核心角色。他认为后浪漫主义艺术的
特征之一是艺术从作为**模仿**(*mimesis*)到作为**诗歌**(*poeisis*)
的转变——从艺术**模仿**自然,到艺术**创造**自己的世界。这
种转变之所以必然发生,是因为世界的扁平化意味着丧失
了参照物。我们发现自己身处波德莱尔(Charles Baudelaire)
的"象征之林",但却缺少绳索与挂钩,缺少象征或符号可以
指涉的任何**既定对象**。被封闭在作为缓冲的自我之家园的

74

---

18. 一个有价值的异议,见 Peter Leithart, *Solomon among the Postmoderns* (Grand
Rapids: Brazos, 2007)。

内在框架中，我们最多只能画出一个从我们的符号出发，经过历史的乡愁，直至我们当下的三角形（第 352 - 353 页）。因此，例如在诗歌中，"之前的诗歌语言可以倚赖于有确定意义的众所周知的惯例，现在则必须包含于这样一种语言中——它对感受力有着清晰的表述。""诗人必须清楚地表达他自己的指涉世界。"换句话说，诗人必须创造一个世界。在绘画和音乐领域，泰勒也发现了类似的转变（第 353 - 354 页）。[19]

　　泰勒将这种现象形容为另一种"脱嵌"，通过它，艺术现在开始变成一个自治的实体和机构。在之前的社会中，美学的事物是与宗教及政治事物裹在一起的——在事实及功能上，我们看作古代"艺术品"的东西，都是**圣礼的**工具，等等。然而，我们在现代性中所看到的是这样一种转变，在其中美学的方面因其自身的缘故而被提取和揭示出来，变成兴趣的对象。从这里产生了作为一种文化现象和一种自治实在的"艺术"（第 355 页）。因此，我们现在才会来到音乐厅，把巴赫的 B 小调弥撒曲（一部被创作用来在崇拜中演奏的作品）作为一件早已脱离其原初圣礼语境的艺术品来"欣赏"。这是一种"去语义化（desemanticisation）和再语义化（resemanticisation）"，在其中，艺术从其原初的宗教语境中

75

19. 从泰勒的论证出发对现代音乐史的丰富研究，见 Jeremy Begbie, *Music, Modernity, and God* (Cambridge: Cambridge University Press, 2014)。

脱离，被放到一种纯粹作为"艺术"的语境中。[20]

所以，泰勒看到了作为这类脱嵌的顶点之"绝对音乐"（absolute music）的出现（绝对的意思是音乐脱离了与这些语境的关联）。伴随着弥撒甚至戏剧的音乐，是与行动以及一个故事相关联的，它能够在一个了解这些指涉的实践群体中激起相关的反应，然而，"现在随着新的绝对音乐的诞生，我们拥有了一种被捕获的、真实化的、在我们面前一览无遗的反应；但对象不在了。音乐强烈地打动了我们，因为它是流动的，如它曾经所是；它捕获、表达以及实体化了那种深深打动我们的东西（想想贝多芬的弦乐四重奏）。但它是面对什么来表达？对象是什么？还有对象吗？"（第355页）但是，我们无法轻易动摇我们关于"肯定有某个对象"的感受。因此，泰勒认为，即便是这种脱嵌的艺术也"利用了我们心中的宇宙共鸣"（第356页）。令人感到方便的是，艺术从不会向你要求任何你不想做的事。所以我们无需任何苦修的道德重负便能获得意义。

然而，它如何创造了新星效应的"开放空间"？这些艺术的转变以何种方式为交叉压力的各种选项提供了空间？这些"在'绝对'模式中运作的、更微妙的语言，能够为现代的不信提供一个去处"；更具体地说，它们为那些感受到交叉压力的人们提供了一个出口和呼吸的空间，这种压力恰

---

20. 回顾朱利安·巴恩斯对这一点的认可（在导论中提及），以及他对**信仰**是否真能影响对艺术作品之欣赏的思考。

恰是由浪漫主义对自然神论和人类中心化的批判所带来，后者在令世界扁平化的同时，也消除了奥秘的空间。对那些无法忍受这样一种工具理性所带来的无情扁平化的人们来说（泰勒认为我们更好的人性永远无法忍受它），这些艺术的出现为一种内在的**神秘**、一种人类学化的内在神秘提供了另一个场所。[21] 艺术与美学成为解决下列问题的方法，即"感到我们的生活方式中有所不足——我们身处的秩序压抑了真正重要的东西"（第 358 页，泰勒讨论席勒[Schiller]的《审美教育书简》[*Letters on the Aesthetic Education of Man*]）。其结果是产生了一种内在的空间，以试图满足一种已经丢失的对超验性的渴望；简言之，它创造了一个"现代不信者可以去的地方"，从而无须永远待在机械的、功利主义的扁平世界中——同时也无须返回宗教之中。因此，我们有了现代性中的新神圣空间：作为庙宇的音乐厅；作为教堂的博物馆；作为新朝圣的旅行（第 360 页）。

　　值得注意的是泰勒在这一问题上的含混性：一方面，这种冲动也许就是来自我们曾经拥有过的古老的渴望——一种**历史性的**压力（第 361 页）；另一方面，他有时似乎又认为这一压力来自如今被忽略的超验**自身**，即"属灵的诱惑"（第 360 页）。一方面，人们可以说，我们之所以仍为超验性所萦绕，是因为我们离那个**过去**相信鬼神的年代还很近；另一

---

21. 对比罗蒂对艺术的新角色之分析，见 Richard Rorty, *Philosophy and the Mirror of Nature*, thirtieth anniversary ed. (Princeton: Prienceton University Press, 2009), pp. 4 – 5。

方面（人们觉得这是泰勒自己的立场），我们仍为超验性所萦绕，可能是因为确实有鬼魂存在。（改述一下库尔特·柯本*的话：只是因为，你患有恐惧妄想并不代表它们没有真的尾随你。）谁在这两种选择之间做出裁定？依据是什么？意识到这种含混性，泰勒的现象学深入讨论了这个竞争性的空间，然后说，"试试这个解释是否恰当。它是否说出了你曾经**感受到**的某种东西？"

我们为何不信（或，别相信我们自身的见证）

因此，作为纯粹艺术的艺术之出现，为扩展不信创造了空间；不信现在有了去处，不用深陷于一个全然扁平的宇宙，同时又无须回到如今已不可信的传统宗教中。显然，这是浪漫主义的选择，它在一种"后现代的"语境中仍然存在且活跃。

然而，启蒙运动也一直与我们同在。通过一个对改信者——这里指的是一个人（或一种文化）从信仰转变至不信——小而精妙的精神分析，泰勒认出了其在一个脆弱化的世俗 3 时代持久的生命力。这里的要点是一种怀疑的诠释学；如果有人告诉你，他或她因为科学而变成不信者，不要相信他们。因为通常抓住一个人的不是科学证据本身，而是科学的**形式**："即便是在科学结论看似在做使人皈依的工作的地方，起作用的与其说是科学具体的发现，不如说是

77

---

* 库尔特·柯本（Kurt Cobain, 1967–1994），美国音乐家、歌手、诗人。——编者注

科学的形式。"（第 362 页）事实上，"科学唯物主义的吸引力，与其说是详尽的发现，不如说是它暗含的认识论立场和道德理由。"（第 365 页）然而，你也可以理解，转向不信的人在回顾之际希望给别人的印象是——科学证据才是决定性因素。转向不信的人讲述的永远只是化减故事。

　　而这些人所背叛的信仰，通常都被描述为不成熟的、主日学水平的信仰，可以被轻易颠覆。因此，当这些转向不信者以"成长"和"面对现实"来讲述他们的故事时——并因此把信仰描绘成

　　泰勒认为，那些"因科学"而转向不信者，更多是为科学**故事**的形式，以及与之相伴随的自我形象（理性＝成熟）所感染，而不是被数据所说服。不仅如此，他们所离弃的信仰通常是值得离弃的。**如果泰勒是对的，那么似乎是在建议，基督教对这些转为不信者的回应，并不是关于数据或者"证据"的论证，而是提供另外一个故事，并在其中讲述一个更有力、更复杂的对基督教信仰的理解。**这样一种见证的目标，并非是在最低限度上建立某种模糊的有神论，而是邀请人们进入历史的、圣礼的基督教。

在根本上是不成熟的和幼稚的——他们的"见证"暴露出他们所放弃之信仰的简化样貌。"如果我们的信仰仍停留在不成熟世界观的阶段，那么有关唯物主义就等于成熟的故事便成为可信的。"（第 365 页）然而事实上，他们转向不信即是转向一种新的信仰："相信科学的能力。"（第 366 页）

　　这些关于成熟以及"成长"到"面对现实"的传说是关于勇

气的故事——有勇气面对宇宙没有超验意义、没有永恒目标，以及没有超自然价值的事实。因此转向不信即是"成长"，因为她已经能够面对这样一个事实，即我们祛魅的世界是一个冷酷无情之所。与此同时，这种目的和目的论的失落也有其令人振奋的一面，因为如果一切都不重要，且我们有勇气面对这一现实，那么我们便具有了某种伊壁鸠鲁式的坚强。这样一个宇宙也许不能提供给我们任何安慰，但同样，"这样一个宇宙对我们没有任何要求"（第367页）。现在，目标的失落也成为了一种解放："**我们**来决定所要追求的目标。"上帝已死，**革命万岁**（*viva la revolution*）。[22]

　　在失落意义的"解放性"力量中，人们已经能够看到那些即将到来者的萌芽：尼采，以及其他"后叔本华主义"的观点（第369页）。根据泰勒的观点，我们在此所得到的是一种对现代性的内在批判，即一种"内在的反启蒙运动"，它反对启蒙的价值，因为这些价值不过是世俗版本的基督教遗产（请思考：《道德的谱系》[*Genealogy of Morals*]，其批判的目标是康德**和**耶稣、黑格尔**和**保罗）。我们从尼采那里得到的是一种对无求于外的人文主义路线的批判，后者世俗化了圣爱（agape），并给予我们普遍化的"圣爱类比"（第369 - 370页；对比第27页）。我们从这种启蒙运动的形式化或

---

22. 然而，人们可以感觉到，泰勒认为这里存在着一种逐渐衰减的回归：宇宙中的某种东西不断令其后退，而我们内心的某种东西不允许我们满足于类似"自由"的事物。人们也许会认为，乔纳森·弗兰岑的《自由》（*Freedom*）也具有同样的不安。

基督教情感的世俗化中,得到的是"一种世俗的人生宗教"
(第 371 页)——而它正是后叔本华主义的反启蒙运动思想
所反对的。[23] 在这些思想的论述中,康德仍然是不成熟的;
仍然看不到我们冷酷、残忍的宇宙之严酷现实;仍然着迷于
奴隶的道德,而无法成为英雄(第 373 页)。然而,这种后叔
本华主义的观点仍然是当代西方文化中的少数派报告。但
我们可以看到相反的运动已经存在于现代性自身。

　　我们已经抵达了人类历史的新阶段:"一类人群出现
了,他们试图体验一种完全内在的世界。从某种程度上说,
我们可以将此成就判定为幽暗的胜利,尽管如此,它依然是
一种非凡的成就。"(第 376 页)

---

23. 我想知道,人们是否可以将迈克尔·查邦(Michael Chabon)和蔡美儿(Amy
　　Chua)对现代养育孩童的批判,视作一种文化表达,其对象是一种对我们
　　从世俗人生宗教中得到的文雅政治的类似反应。

第 4 章　质疑命题：世俗化 2

　　在第三部分结尾，泰勒已经以某种方式将我们带至当下。历史已经讲过大半；待讲完 19 世纪，理解我们当下所需要的一种谱系学就差不多完成了。（泰勒经常习惯于谈论"我们维多利亚时代的同代人"。)[1] 于是当我们来到第四部分的时候，我们从历史来到了分析（虽然二者的区别在泰勒那里最多只是探索性的）。

　　泰勒讲述的故事已经离开了"标准故事"所描述的发展路线——标准故事永远都是一种化减故事的某个版本。因此在第四部分，泰勒关注的是那些通常都会在"世俗化"的标题下论述的主题和议题，即解释宗教实践在西方的衰落。正如他在第 11 章的结尾处已经提到的，他尤其感兴趣的是，宗教怎样被与社会及其各种制度相分离。然而，他处理这些议题的方式是质疑通常的"世俗化 2 命题"，而这样做的同时，

---

1. Taylor, *Sources of the Self*, pp. 393 – 417.

他需要返回之前对世俗性 1、世俗性 2 和世俗性 3 的区分。[2]

一种反叙事：论世俗化 2 理论

正如世俗性无法被一种**化减**故事所充分解释，它也无法被一种**扩散**（diffusion）故事所解释——好像世俗化是一条涓涓细流，从一种精英多元主义向下流至大众之中（第424 页）。同样，令它搭上现代发展的某种便车——例如差异化、私有化、城市化、工业化或祛魅——也不能充分解释它，原因很简单，因为这些现象在经验上并不一定伴随着宗教实践的衰落；事实上，它们经常引起对其而言独特的宗教回应以及复兴（第 425 – 426 页）。

因此，为了讨论这一问题，泰勒诉诸元（meta）问题；也就是说，他追本溯源，开始讨论一些更为根本性的问题。比如说，如果世俗化代表了"宗教的衰落"，那么我们就需要首先弄清楚何为"宗教"。"如果你将宗教等同于诸般伟大的历史信仰，或者是对超自然存在者的明确信仰，那么宗教似乎已经衰落了。但如果你认为宗教包括了广泛的灵性的或准灵性的信仰，或者如果你把网撒得更广些，认为一个人的宗教是其终极关怀的表达，那么你可以说宗教像以往一样在场。"（第 427 页）[3] 更进一步说，这种比较意味着什么？如

---

2. 参见导论中对这一分类学的概括。我基本上会将"世俗化 2 命题"视作"标准的"世俗化理论，后者运作的基础是第二种关于"世俗"的观念。

3. 后者的例子，见 James K. A. Smith, "Secular Liturgies and the Prospects for a 'Post-Secular' Sociology of Religion," in *The Post-Secular in Question*，（转下页）

果世俗化理论声称宗教参与的衰落，那么，"我们与之比较的过去是什么样的过去呢？即便在信仰的时代，也不是每个人都真正地虔诚。"

　　然而，泰勒并没有就这些问题继续讨论下去。相反，他开始论及**诠释学之元**（hermeneutical meta）；也就是说，他开始探究世俗化理论背后的一些假设——他（追随福柯的脚步）称之为**无思**（unthought），这种无思在很大程度上"潜藏在许多世俗化理论之下"（第427页）。在这方面，泰勒挑战了社会科学之中立性的神话，但**并非**以"后现代"理论作为武器，后者强调"我们都陷于自身的视野之内，因而无法理性地说服对方"（第428页）。他对中立性的批判以及对前设的揭示，并非一种退至我们的谷仓和唱诗班的许可。相反，泰勒始终相信不同的"无思"之间可以对话，甚至是相互说服。虽然与那些支持世俗化2理论的人相比，他也有自己不同的"无思"，"但这并不意味着我们在此只有简单的疏远，我们从各自的最高前提出发彼此作出声明。兴许，不管哪种关于宗教渴望的观点，都会让我们更好地理解实际发生的事情。采取这种或另一种视界，让你更容易走进这些或另一些洞见；但这些洞见是如何在历史的实际叙述中胜

（接上页）ed. Philip Gorski et al. (New York: NYU Press, 2012), pp. 159 - 184。亦可对比英国学者对"含蓄宗教"（implicit religion）的研究，见 Edward Bailey, *The Secular Faith Controversy: Religion in Three Dimensions* (London: Continuum, 2001)，以及 Edward Bailey, *Implicit Religion: An Introduction* (Bristol, UK: Centre for the Study of Implicit Religion, 1998)。然而，泰勒在下文中，似乎肯定了一种相当传统及狭义的"宗教"定义（第429页）。

出的，仍然是个问题"（第 436 页）。对泰勒而言，世俗化 2
理论的问题在于，它并没有充分解释这些现象。

　　因此，泰勒指出，任何对世俗化的解释都不可避免地受
到某种"无思"的影响，即某种具有特定情感和方向的前理论
（pretheoretical）观点——他称之为"倾向"或"视野"。泰勒
用个案研究的方式具体化了这一点：人们可以在他们对待阿
西西的方济各（Francis of Assisi）的态度中看到这些不同的倾
向，"他放弃做一名商人的潜在人生道路，他苦行节俭，他的
身上还有圣痕（stigmata）"，"你可能会被这种超越福祉的感
召深深打动"；或者"你将他看作休谟所说的拥有'修士美
德'的典范，这样的人践行一种毫无意义的自我否定，并对公
民间相互依存构成威胁"（第 431 页）。泰勒建议道，告诉我
你对圣方济各的看法，然后我会告诉你，你的"无思"是什么。

　　那么，世俗化 2 理论家的"无思"——即其对世俗性的
解释背后的假设——是什么呢？泰勒认为，它是这样一种
视角，"这种视角认为宗教一定会衰落，要么（a）因为宗教是
假的，对此科学做出了证明；要么（b）因为现在我们可以用
药剂治愈皮肤病，宗教变得越来越无关紧要［即所谓'化肥
制造无神论者'的论证］；要么（c）因为宗教奠基于权威之
上，而现代社会给予个人自主越来越重要的地位；或者是以
上这些原因的综合"（第 428 - 429 页）。这些假设中的某种
集合甚至在美国也为学者所接受，要知道美国社会中的宗
教参与度极高——而这肯定会影响那里的学者对世俗化的
认识。其结果是一种难以避免的、对宗教的化约论解释，它

82

无法想象宗教可以成为人类行为的真正**动力**（第 433，452 - 453 页）。[4] 它还倾向于将宗教化约为仅仅是有关超自然实体的附带信念，且这些信念会消失在现代性的条件之中（第 430，433 - 434 页）。如果这是你的"无思"，你就会倾向于以一种令人同情的方式理解圣方济各：这个可怜的、愚昧的、被误导的但又是真挚的灵魂（或头脑）。

泰勒承认，他也有自己的"无思"（第 429 页）。"我站在另一种视界，"他承认说。"例如，我被阿西西的方济各的人生所打动；这就与为什么我会认为下面这幅（世俗化 2 的命题）图景如此不可信有关——即独立的宗教启示已经消失不见了。"（第 436 页）事实上，"我坦承关于'世俗化'的观点，"他爽快地承认，"受到自己作为一个信徒的影响"（第 437 页）。

泰勒（作为天主教徒）的"无思"有何不同呢？他的倾向与视野如何提供了一种不同的视角？概括而言，它具有两种特征：首先，泰勒愿意将宗教视为一个真正的、独立的、不可化约的人类行动与社会生活的动力——而不仅仅是经济、政治或进化因素的副产品（第 453 页）。[5] 第二，泰勒并没有将宗教化约为仅仅是对超自然实体的信念。相反，他强调了宗教中的一种**转 化 性 视 界**（transformation perspective）的重要性——关于"人们的转变这一视界，因为

---

4. 在这一点上，比较 Christian Smith, *What Is a Person?* (Chicago: University of Chicago Press, 2010）一书中的论证。

5. 对比 Christian Smith, *Moral, Believing Animals: Human Personhood and Culture* (Oxford: Oxford University Press, 2003）一书中的论证。

这一视界把人们带到通常所理解的人间福祉之上或之外"（第 430 页）。正是这种转化的视界冲击了道德秩序；然而同样是这一转化的视界在现代性中承受着交叉压力。因此，宗教不仅是一系列关于超自然实体的命题式信条，也不仅是一种认识论及一种形而上学。它在更根本的层面是一种**生活方式**——且在泰勒看来，一种"宗教的"生活方式呼召我们超越纯粹此世的生活，超越纯粹"人间的福祉"。

83

　　这对世俗化的论述又意味着什么呢？泰勒**的确**承认已经存在着一种世俗化进程，他也承认在西方很多地方，宗教参与和认同确实有所衰落。因此，质疑世俗化 2 命题并不需要拒绝上述事实。相反，它只是意味着泰勒提供了一个不同的故事："'世俗化'的核心"准确来说是"一种转化性视界的衰落"（第 431 页）。因此，虽然宗教也确实有所衰落，但这并非最有趣的故事："有趣的故事不仅仅是有关没落的，还有与个人以及社会生活相关的神圣的或灵性的新位置。"（第 437 页）正是这种宗教的新**位置**建构了我们的"世俗时代"。[6] 并不仅仅是对超自然实体的信念变得不可信了，而是追求一种超越人间福祉的生活变得不可想象了。

　　泰勒将他与"主流世俗化命题"之间的论争，同一栋三层故事建筑关联在一起（第 431－433 页）（参见图 2）：

---

6. 在其他地方，他将此形容为一种宗教生活的"重构"（recomposition）。见 Charles Taylor, "The Future of the Religious Past," in Charles Taylor, *Dilemmas and Connections: Selected Essays* (Cambridge: Harvard University Press, Belknap Press, 2011), p. 228。

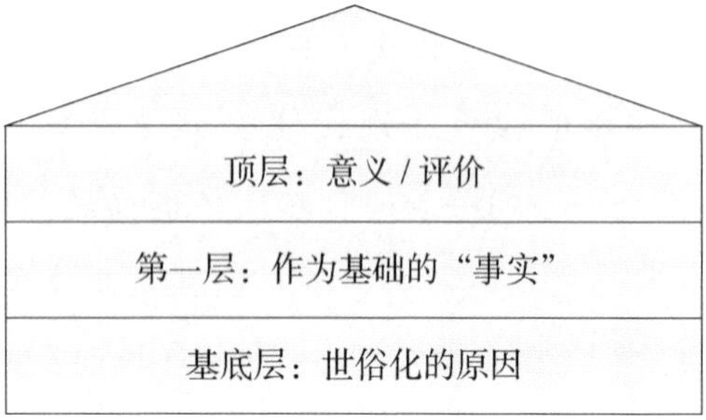

图 2 世俗化理论的"无思"

（图中文字：）
顶层：意义／评价
第一层：作为基础的"事实"
基底层：世俗化的原因

应该说，就这栋建筑的"第一层"而言，泰勒与主流的世俗化理论并无太多分歧。他认可关于宗教参与之衰落的数据和其他一些事实。然而在造成这些事实的原因和对其评价方面，他并不认可主流世俗化理论的观点。这是因为"基底层和顶层是紧密相连的；意即你对由'世俗化'带来的宗教衰落的解释与你对今天宗教地位的描述是紧密相关的"（第433页）。事实上，"无思"所产生的影响恰恰体现在顶层，而只要顶层令我们设想相应的原因，那么"无思"也影响我们对原因的思考。

本真性时代

表现型个人主义的社会想象

泰勒试图表明，通过提供"简化的、浓缩的过去两个多世纪的历史"（第437页），他的"看法"会带来什么不同。

古典的泰勒（但我们正因如此才爱他），其目标是追溯从 18
世纪某些精英的不信，到 20 世纪大众世俗化的发展。他的
方法是在不同的历史阶段，讨论他称之为宗教形式的"韦伯
式的理想类型"。比如说，我们从 **旧制度**（ancien régime）类
型开始，在其中，宗教身份与政治身份之间存在着一种不可
取消的关联——"教会的成员资格与成为国家，尤其是地方
共同体的一分子紧密相关"（第 440 页）。将城邦、或王国、
或民族凝聚成一个群体的一系列仪式，同样决定着个体的
身份。然而，"这种类型的宗教特别容易遭遇精英倒戈，因
为他们往往处在可以严重制约、即便不是完全终结那些重
要的集体仪式的位置上"（第 441 页）。例如，宗教改革在某
些地区的破坏效果，就在很大程度上归因于改教家们说服
王公贵胄的能力。

　　随着时间的推移（实际情况比我们在这里概括的要复
杂很多），泰勒指出旧制度发展到了一个新阶段和新类型：
动员时代（Age of Mobilization）。原来的状况与旧制度已经
被替代，我们如今意识到，如果有什么东西可以填补这一真
空的话，**我们**需要自己找到它——我们需要"动员"新的仪
式、实践、制度，等等。旧"背景"已经消失了；"无论我们渴
望什么样的政治、社会、教会结构，为求存在，都必须加以动
员。"（第 445 页）不再有理所当然的旧制度，不再有上帝居
住在其中、我们亦被嵌入其中的迷魅造化。因此宗教（以及
宗教身份）也改变了：上帝现在临在于他的设计之中，临在
于秩序之中。他同样也将临在于我们的政治制度中，**如果**

85

我们恰当地构建了它，**如果**我们令宪法符合上帝在天堂设计的秩序。"神圣并不体现为一个直接控制世界的国王。但是，就我们建立一个显然遵从上帝设计的社会而言，神圣可以在场。这可以通过一种道德秩序的观念来充当，即这种道德秩序被看作由上帝所建立，例如《美国独立宣言》就是如此来援引上帝"（第 447 页）——"现代道德秩序"的集中体现。泰勒认为，动员的时代大致是 1800－1960 年（第 471 页）。[7]

　　而我们所处的是**本真性时代**（Age of Authenticity）。[8]因此我们在第 13 章看到了泰勒对"表现型个人主义的社会想象"所做的解释——即"这样一种理解……它认为我们每个人都有其自身实现人性的方式，因此重要的是找到活出自己的方式，而非屈从于某种从外部强加给我们的模式"（第 475 页）。正是这种现代的、后浪漫主义社会想象的独特形式，在上个世纪后半叶甚至更短时间内发生，"深刻地改变了我们社会中信仰的条件"（第 473 页）。这里更重要的并非原因和机制（泰勒将会提出消费革命和战后富裕以作说明；第 474，490 页），而是"对人类生活，能动性的种种理解，以及对善的理解"，它们随着表现型个人主义的扩张而出现（第 474 页）。这种当代的社会想象因为**本真性**而得以

7．这一点符合 Ross Douthat, *Bad Religion: How We Became a Nation of Heretics*（New York: Free Press, 2012）一书中的论证。泰勒的"本真性时代"，"动员时代"之后的时代，多赛特（Douthat）可能会称之为"异端时代"，二者大致同义。

8．这也是泰勒在《自我的根源》（*Sources of the Self*）中分析的一个核心主题。

具体化。因此，这个世界中最重要的——对，唯一的——价值是选择："选择本身就成为最主要的价值，无论它是何种事物的选择，或是何种领域的选择。"（第 478 页）宽容成为最后一种被保留下来的美德："不能容忍的罪恰恰是不宽容。"（第 484 页）

　　有关我们对本真性时代的**评价**，泰勒看到了两种诱惑（第 480 页）：批评者太容易将之摒弃为一种利己主义，而赞同者太容易欢呼其为一种没有代价的进步。泰勒的评价则采取了另外一种方向：在他的理解中，本真性时代改变了我们可获得的选项——它所改变的不仅是信仰的条件，更是我们日常经验的环境。

　　为了说明这一点，他使用了类似个案研究的方法，把注意力集中在时尚上面。时尚是一种**表达**我的个体性的媒介，但它也必须是关系性的，甚至近乎寄生的事物："在时尚空间，我们维持着一种将符号和意义结合在一起的语言，这种语言恒常在变，但在某些特定时刻，它们都是背景，此背景是把意义赋予我们的姿态所需要的。"（第 481 页）这不再是一个共同行动的空间，而是一个**相互展示**的空间——另外一种"相处"的方式，以这种方式，"一系列的城市单子盘旋于唯我论和共通感之间的场域"（第 482 页）。这导致了一种新自我意识的产生："我大声讲话和打手势只向我身边的同伴公开表达，我的家庭成员在安静地步行，参与我们自己的星期天郊游，但与此同时，我意识到我们正在塑造这个公共空间，进入此空间的信息获得它们的意义。"（第 482

页）换句话说，我们现在全都表现得像十三岁的女孩。[9]

泰勒认为，正是这些相互展示的空间最容易为消费者文化所殖民，因此"消费者文化，表现主义与相互展示的空间，在我们的世界里联系在一起，创造出它们自身的协同作用"（第 483 页）："自我定义的语言是在相互展示的空间被规定的，现在它已变成元主题的空间了；它将我们与著名的风格创造中心联系在一起，这些地方通常是在富裕和有权势的国家和地区。且这种语言是大公司想要始终操控的对象。"（第 483 页）事实上，这样一种消费者身份的建构——它必须**感觉**自己是被选中的（比如一个城郊的滑板少年，他妈妈给他买了一块价值一百五十美元的滑板，上面刻着"无政府"标志，设想一下这其中存在的与众不同感的幻觉）——**胜过**了其他身份，特别是那些集体的身份，比如公民或宗教群体的成员。[10]"你可以论证说，对今天很多年轻人而言，在他们自我意识中占据更大地位的，是某些风格，而这些风格是他们在其小圈子中所享用和展现的，但它们又是通过媒体以及与明星（甚至某些产品）的关联而被定义的，而这种自我意识正日益取代对更大规模集体的归属感，例如国家，更不用说教会、党派、游说团体，等等。"（第 484 页）

87

---

9. 见拙作 James K. A. Smith, *Imagining Kingdom: How Worship Works* (Grand Rapids: Baker Academic, 2013), pp. 146 - 148, 我将之与大卫·福斯特·华莱士对我们自我意识到的表现型个人主义时代之说明进行比较。

10. 比较 Kenda Creasy Dean, *Almost Christian: What the Faith of Our Teenagers Is Telling the American Church* (New York: Oxford University Press, 2010)。

·

　　这种表现型个人主义的扩张，并未动摇现代道德秩序；如果说它对后者有什么影响的话，即是它强化了互利的秩序。事实上，现代道德秩序是表现主义想象之温和相对主义的"伦理基础"：做你自己的事，凭何判断他人？唯一的罪是不宽容。在泰勒看来，西方 60 年代后期最重要的转变正是发生在这里：虽然宽容的理念一直存在于现代的社会想象中，但在其早期形式中（洛克、早期美国共和党人，等等），这一价值被包裹在其他价值之中，后者提供了一种价值形成的框架（例如公民伦理，第 484 页）。在 20 世纪后半叶被腐蚀的，正是这些对个体实现的限制（第 485 页）。

我们世俗时代的圣所

　　在一个为表现型个人主义所统治的社会中，"想象出的神圣领域"是什么（第 486 页）？泰勒已经暗示，这样一种社会似乎形成了自己的神圣"节日"——"是在一个共同行动／情感中融合的时刻，它让我们从日常生活中解脱出来，并且看上去让我们接触到了某种超出寻常、超出我们自身的东西。这也是为什么有人将这些时刻看作我们这个世界中宗教的新形式"（第 482－483 页）。[11] 然而，虽然某种神圣性似乎仍有其空间，但某些东西显然已经改变了。泰勒的分类法可以被映射到之前的宗教身份类型（旧制度时代、动员时

---

11. 比较德赖弗斯和凯利对体育和"快速移动"（whoosh）之角色的讨论，见 Dreyfus and Kelly, *All Things Shining*。

代、本真性时代）中：

- 在旧制度时代中，"我与神圣的联系意味着，我属于教会"，而教会（罗马天主教会、路德宗教会、安立甘宗教会）与社会的空间重合，因此"在跟随上帝与属于国家之间都有联系"（第486页）。

- 在动员时代中，脱嵌已经发生了。在这里，我们看到"宗派想象"的出现（第450页），以及一种对自愿联合的强调，但当你进入"你自己选择的教会"时，你仍然能够与某种更大的事物相关联——"教会"及其传统，它们仍然能够协助国家的规划。

- 然而现在，在一个本真性时代中，伴随着表现型的个人主义视野，我们有了一个质的改变："我参与的宗教生活或宗教实践不仅必须出于我的选择，而且它还必须对我有吸引力，它必须讲得通，而且是根据我所理解的灵性发展。"（第486页）表现主义者铸造了她自己的宗教（或"灵性"），她自己的、个人的耶稣（personal Jesus）。[12] 但最重要的是，神圣不再伴随着政治的效忠（第487页）。这便开始了对事

88

---

12. 我认为约翰尼·卡什（Johnny Cash）所翻唱的这首《九英寸钉子》（Nine Inch Nails）出色且讽刺性地质疑了你自己的"个人的耶稣"这个观念——就好像说，我为什么要让一个耶稣打破我的偏好？这也是为何《美国人IV》（*American IV*）包括了《苏醒的男人》（The Man Comes Around），以及《美国人V》（*American V*）包括了《上帝将会砍倒你》（God Will Cut You Down）这样的歌曲。我个人的耶稣会做**这些**事吗？

物更普遍的松绑，以符合表现型的个人主义，因此它变得越来越少以"理性的"方式接受任何外在的约束。因此，虽然循道宗和敬虔派信徒在正统的范围内强调与上帝的情感相遇，但"重心越来越转移到情感的力量与真实，而非情感对象的性质"（第488页），只是时间问题。一种新的属灵命令出现了："让每个人遵循自己的灵感之路。不要因为有人指控它不符合某种正统，你就离开这条道路。"（第489页）

令人们脱离传统、建制宗教的，很大程度上是消费文化的成功——"魔法的更强形式"，它存在于永远耀眼夺目的消费产品中（第490页）。作为结果，表现主义的革命（1）"破坏了动员时代的一些大规模宗教形式"，并且（2）"破坏了基督教信仰与文明秩序之间的连结"（第492页）。事实上，在"规训与文明秩序之间的关联断开了，但基督教信仰与规训之间的关联仍然未受挑战，而此时，表现主义与性革命携手让很多人离开了教会"（第493页）。

89

泰勒对世俗的论述通常像一面给人启发的透镜，借此能够看到宗教群体**之内**的变化，而不仅仅是非宗教的扩张。**那么他在此的论述如何可能提供一面透镜，帮助我们理解当代基督教中存在的所谓新兴教会以及其他形式的反建制主义？**

寻找：本真性时代的灵性

在本真性时代，**宗教**是什么样的？"从表现主义革命及其改变了的性伦理中所出现的，是怎样的灵性生活？"（第506页）

首先值得注意的是，一种对"灵性"的渴望始终存在。"这往往源自对完全处于内在秩序中的生活的深刻不满。"（第506页）因此，就像从前一样，灵性开始迁移。其结果是，本真性时代的灵性是为个体而**寻求**。再没有任何东西是给定的或自明的，因而人们必须"找到"自己的信仰："我必须去发现我自己通向整全和灵性深度的道路。关注的焦点是个人，是他/她的经验。"（第507页）这能够解释诸如《指环王》（*The Lord of the Rings*，至少是其电影版），抑或保罗·科埃略（Paulo Coelho）[*]的《炼金术士》（*The Alchemist*）或伊丽莎白·吉尔伯特的《美食、祈祷和恋爱》（*Eat，Pray，Love*）等畅销小说的广泛流行。[13]

我们该如何对待这种灵性形式呢？泰勒注意到，人们如何看待它，取决于人们对灵性本质的基本态度。换句话说，我们对本真性时代灵性表达模式的评价，将会再一次为我们不同的"无思"所影响。因此，在尝试回答这一问题的

---

[*] 保罗·科埃略（Paulo Coelho，1947– ），巴西著名作家，其代表作《炼金术士》（*The Alchemist*）又译作《牧羊少年奇幻之旅》。——编者注

13. 对吉尔伯特和泰勒所描述的这种表现主义灵性的精彩解读，见 Douthat，*Bad Religion*，pp. 211–230。

时候，泰勒不断拒绝传统主义者的笨拙批判，后者只会哀叹本真性时代灵性的主观主义和个人主义（例如，第 508－509 页）。这逐渐演变为各种错误的二分法，要么出自好战的世俗主义者，要么出自坚定的宗教信仰者："当各方都这么想，即仅有的与自己不同的道路是如此令人厌恶，就都会对自身立场感到欣慰。"然而，泰勒一如既往地认为现实比这复杂得多，这些二分法"错过了我们这个时代灵性现实的一个重要部分"（第 509 页）。

　　例如，传统宗教可能会质疑本真性时代所寻求的个人主义和主观主义，并主张一种更具群体性的、目的论的关于人间福祉的解释。在他们看来，本真性时代灵性的寻求者是放纵的和自我中心的——典型的利己主义，其偏爱"灵性"胜过"宗教"，把自己安置在宇宙的中心。然而，泰勒认为，我们需要区分开本真性时代灵性的**框架**与这样一种灵性的**内容**。正如他所言，"这种新框架确实有一种强烈的个人主义成分，但这并不意味着其内容是个人化的"（第 516 页）。换句话说，虽然我们世俗时代的灵性寻求者具有一种个人化的寻求，但这种寻求最后可能以转向罗马天主教而告终，后者与这种寻求自身的自由个人主义相悖（第 509 页）。泰泽团体（Taizé Community）＊和世界青年日（World

90

＊ 泰泽团体是一个位于法国的基督徒（包含天主教、新教、东正教）修道者团体。泰泽社区已成为世界上最重要的基督教朝圣地点之一。——译者注

Youth Day）* 正是这样的例子：对这些青年来说，其"灵性的"寻求最后以"宗教"结束（第 509，517 页）。

然而，泰勒指出，我们所无法脱离的是这个时代中我们寻求的方式。因此，虽然很多"保守的灵魂"哀叹这一点，但它却无法避免（第 512－513 页）。这一点与泰勒关于我们无法再回到祛魅之前的主张是相互关联的。同样，我们的时代**是**一个本真性时代；它就是我们的处境，即便我们质疑"本真性"的表现主义和个人主义，我们也无法逃离这个事实，即我们生活在一个令它成为一个**选项**的时代。因此我们也就获得了这个讽刺的现实：我们选择放弃个人选择的优先性；我们寻求让自己回到旧制度。这正是生活在一个世俗 3 时代的含义所在。

此外，泰勒并不确定我们是否应该**想要**回到从前。"即使我们的社会安排倾向于增加有点肤浅和要求不高的灵性选择，我们也不应忘记种种强求一致带来的灵性代价：假冒为善、灵性迟钝、对福音的内在反叛、混淆信仰与权力，甚至还有更糟的。即便我们曾经有选择，我并不认为坚持目前的安排就更不明智。"（第 513 页）

总之，在一个世俗 3 时代里，"坚定的世俗主义'仍然是一个相对小众的信条'"（第 520 页）。因为我们的过去无论如何都是基督教的（这里是另一个黑格尔式的观点），所以我

---

* 世界青年日，又称作普世青年节，是天主教会为青年族群举办的国际节庆活动，以加深青年信徒对教会的委身。——编者注

们的世俗 3 时代继续为这一过去的幽灵所"萦绕"，比如在那些通过仪式（rites of passage）的时刻，或灾难降临的时刻等等（第 520 - 521 页）："人们也许保留着对某个转变视界的依附，尽管他们当前还没有据此视界行事为人……就像在农村接收城市的调频电台那样"，信号时好时坏（第 521 页）。就我们希望能够认识到这一点，并且拒绝世俗化 2 的"标准"故事而言，我们将会发现我们自己身处一个"后世俗"的时代，"在其中，世俗化之主流叙事霸权将受到越来越多的挑战"（第 534 页）。[14] 并且，他继续说道，"我认为这是正在发生的"（第 535 页）。

---

14. 有关对"后世俗"的进一步讨论，见 *The Post-Secular in Question*，ed. Philip Gorski et al.。

第 5 章　如何（不）在世俗时代生活

内在框架

在第一至第三部分提供了另一种历史叙事，并在第四部分挑战了关于"我们如何抵达此处"的标准解释之后，泰勒在第五部分（本章所关注的内容）从历史与谱系学转到了批判性分析。我们可以将它形容为其研究的"建构性"部分，但它也是泰勒继续其进攻的部分，在其中他与自鸣得意的"世俗主义导向"较量——**并非**以一种护教的模式得意而自信地"证明"基督教的真实性，而是削弱世俗主义者"解释"世界的自信，将其**呈现**为一种解释和说明。总之，《世俗时代》的最后一部分尝试能够使世俗主义者 2 承认身处世俗 3 这一时代。

正是在这一语境中，泰勒创造了一个对下文而言关键的概念：**内在框架**。这个比喻性的概念——暗指一个既包围内部**又**隔绝外部，既封闭**又**专注的"框架"——旨在抓住我们在世俗时代所生活的世界："这个框架构成了一个'自然的'秩序,要与'超自然的'秩序形成对比,即与可能的'超越'世界形成对照的'内在'世界。"(第 542 页)[1] 我们如今生活在这个自足的内在秩序中,**即便我们相信超验性**。事实上,泰勒强调内在框架是无处不在的:它是"我们所有现代西方人都共同面对的"(第 543 页)。因此,问题并非我们**是否**生活在内在框架内,而是**如何**生活在其内。有些人把它当作一个有着黄铜天花板的封闭框架而生活在其中,另外一些人则把它当作一个有天窗的、向超验性开放的开放框架而生活在其内。

在这一点上,泰勒感兴趣的是两种动力:

1. 是什么"倾斜"了我们在内在框架中的方向？为什么有些人的**生活**把它当作封闭的？是什么让另一些人把它当作开放的而生活在其中？是什么**激发**了这些不同的立场(第 548 页)？这两种不同的"基本方向"是从何产生的？注意这里的实存性强调:它并非被当作一个有关知识或信念的问题来对待,而是

93

---

1. 泰勒进一步主张,自然/超自然的区分本身即是内在框架产生的一种结果(第 542,548 页)。因此,那些激烈地捍卫"超自然"以及超验性之"干预"的信仰者,已经认可了内在框架的范式(所以说这是"唯物主义者和基督教基要主义者所共享的事物观",第 547 页),然而更早之前的理解是拒绝这种区分的——其并非一种自然主义的方向,而是一种对迷魅世界之更复杂的理解,一个"饱和的"(charged)宇宙。因此并不奇怪,泰勒在这一问题上经常表达出对吕巴克(Henri de Lubac)的赞同。

一个关于我们如何**生活**于内在框架的问题，亦即我们在它之中所追求的生活方式。它是亲历者关于**如何**的问题，而非旁观者有关**什么**的问题。

2. 接下来是一个更为基础的问题：为什么有些人无法认识到他们对框架是开放抑或封闭的理解，仅仅是——一**种解释**，一种对事物的说明？具体而言，为何世俗主义者如此自信地认定"事物本就如此"——即"**显然**"且唯一的结论？

让我们从第二种关注开始，它是泰勒在第15章前半部分所关注的问题，同时也为回答第一个问题提供了线索。

对超验性的"解释"与框架内的"导向"

泰勒认为，一个人**如何**生活在内在框架中，取决于其如何理解超验性：你是否将超验理解为"威胁、危险的诱惑和分心，要么视之为对我们最大之善的阻碍"？抑或你将超验视为"对我们最深渴望和需求的回答，以及善的完成"（第548页）？

然而问题在于，这个问题通常不会就这样被抛给我们，我们通常也并不明确表达我们关于这些事的"立场"。这是因为，"内在框架自身通常并不是我们用来解释我们困境的一组信念，尽管人们可能已经开始这么做了；相反，它是我们发展我们信念的语境"。我们并没有一种对超验性的"立场"；相反，在内在框架中，我们拥有一种对事物的"解释"，而这样一种"解释""常常会变成某种不受质疑的框架,某种我们甚至不敢想象自己可以置身其外的框架"(第549页)。换句话说,它渗入我们的社会想象之中;它成为支配我们存在于世之背景的一部分。

因此,泰勒认为,我们在内在框架中的基本动机和方向,并不必然是我们已经彻底思考过的推论性结果。你**如何**生活在内在框架中,更多是一种"共鸣",而非一种推论的结果。与其说它是一种思考过的立场或明确表达的世界观,不如说是一种维特根斯坦式的"图像"[2],恰恰因为它是无意识的,才能将我们捕获。它是一种"我们思考的背景框架,在其中词项得以有意义地使用,但这幅图像本身却大部分没有得到形式化的表述,也正因此,我们想不出可以替代它的东西"(第549页)。

因此,问题仍然是我们**如何**生活在这一内在框架中。并且,在这里,泰勒又做出了另外一种重要的区分:我们要么将内在框架当作一种"詹姆斯式的开放空间"[3]而生活在其中,认识到我们对事物的**解释**是可以被质疑的,甚至感受到其他选项的拉扯以及交叉压力;要么未能认出我们对事

---

2. 相关讨论,见 Charles Taylor, "Merleau-Ponty and the Epistemological Picture," in *The Cambridge Companion to Merleau-Ponty*, ed. Taylor Carman and Mark B. N. Hansen (Cambridge: Cambridge University Press, 2005), pp. 26–49。

3. 泰勒所指的是威廉·詹姆斯(William James)对一种实存上的"开放空间"的描述,"在那里,你能感受到风在牵拉着你,一会儿信,一会儿又不信"(第549页)。泰勒在其关于詹姆斯的讲座中进一步探索了这一问题,见 Charles Taylor, *The Varieties of Religion Today* (Cambridge: Harvard University Press, 2003)。

95 物的看法是一种"解释"，相反却安于**导向**（spin）——即一种过分自信的"图像"，我们无法在其中设想其他可能，并因此蔑视那些和我们有不同意见的人。如果我们安于"导向"的话，我们便会认为这一框架开放或封闭是"显而易见的"。因此，泰勒总结道，"我所说的'导向'是回避进入此种空间的方式，即让一个人自信自己的解读是明显的、强有力的，根本不允许别人挑剔或者反对。"（第551页）[4]

我们在此可以想象一种选项的矩阵：

	解释	导向
（超验性）开放	查尔斯·泰勒	（宗教原教旨主义）
（内在性）封闭	（朱利安·巴恩斯？）	"学界"

图3 "解释"与"导向"：选项的矩阵

泰勒最感兴趣的是思考（及质疑）"在学界处于霸权地位的封闭之网"（第549页）。主宰着知识分子和精英的正是这张网，他们实际上更愿意将对内在框架的"开放性"解释理解为"导向"，而将他们自身的"封闭性"解释视作**符合事物本来面目**。我们也许可以说，对这些世俗的"原教旨主义者"而言，将内在框架理解为封闭的，就是看到了其**本来面目**，而将其理解为"开放的"，则是一种美好的愿望。事实

4. 持这种立场，即是在某种程度上陷入瘫痪，"那些认为这种对内在性的封闭理解是'自然的'和明显的人，乃是患上了这种智力障碍"（第551页），虽然超验的"导向"也同样存在。

上他们说：我们这些"封闭"框架的搭建者只是面对事实而已；而将世界**解释**为它似乎是可以开放的，正是那些"开放"框架的搭建者。内在框架确实是封闭的，即便有人坚持将它**理解**为开放的（第 550 页）。对这些封闭性解释的信徒而言，**它根本就不是一种"解释"。**

　　相反，泰勒认为，内在框架是尚未确定的，它允许两种不同的任务和解释："两种解读都是可以的，而且不会迫使我们必须接受其中之一。"事实上，"如果你把握住我们的困境，并且没有意识形态的扭曲，不戴有色眼镜，那么你将看到，选择这种还是那种解读，其所需要的，是通常所称的'信仰的跳跃'"（第 550 页）。

96

　　对这一现实之封闭的盲目性，部分来自他们为自己所讲述的知识上的化减故事——因此他们将这种"封闭的"观点视为一种理性的结论和一种"启蒙的"立场。然而，泰勒之更感性的认识论（或者更准确地说，诠释学）再一次指出，我们的"解释"与其说是理性思考的**结论**，不如说是理性思考的**出发点**。正是一种"对事物的整体态度，优先或领先于我们能为它收集的诸般理由。这类似于本质上基于直觉的预感"，抑或我们可称之为"预期信心"（anticipatory confidence）的东西（第 550 页）。虽然信心是可以增加的，"但我们从没有到达一个超越所有预期、所有预感的程度，从没有到达那种确定性，即我们只能在某些较为狭窄的问题上（比如说在自然科学或者日常生活中）才能享有的"

（第 551 页）。[5]

因此，世俗主义者的"导向"事实上是对可质疑性的拒绝，并因此拒绝承认世俗性 3。世俗主义者的"导向"无法尊重及认出我们世俗时代所感受到的交叉压力。这个框架并非在本质上或内在地"倒向"其中任何一条道路。"生活在西方现代性中的实际经验往往会唤起多种形式的反抗和抵制。在这种更充分的、经验的意义上，'生活在框架之内'并不简单地在一个方向上提醒你，而是使你感觉到在两个方向上被拉扯。生活在此的一个非常普遍的经验就是受到开放和封闭视界的交叉压力。"（第 555 页）

很多致力于在面对新无神论者的指责时"捍卫信仰"的当代护教者，看上去只是在内在的"导向"之外，提供了一种超验"导向"的选择。**如果一个基督教的护教者提供了一种对我们经验的超验"解释"，甚至有时会认可一种内在"解释"的力量和说服力，那么又会如何呢？**

我们可以回到泰勒关于圣方济各的例子来感受这一点。正如人们对圣方济各的观点能够解释其"无思"，人们对圣方济各的反应也同样能够检验出他们是否具有一种封闭的"解释"，或一种完全封闭的、内在主义的"导向"。或者我们还可以用一个最近的例子：多洛雷丝·哈特（Dolores

---

5. 最后一个限定语看上去有点奇怪——除了似乎令自然科学与这一诠释学预期绝缘之外，究竟谁会认为我们在"日常生活"中拥有确定性呢？

Hart）的案例，HBO 的纪录片《上帝是更大的猫王》（*God Is The Bigger Elvis*）讲述了她的故事。哈特在 50 年代和 60 年代早期是一颗冉冉升起的新星，能够在猫王和诸如马龙·白兰度（Marlon Brando）等明星身边出演一些小角色。她享受着"好莱坞"神话所承诺的梦想生活。而在 1963 年，她放弃了这一切，甚至包括一个婚约，成为一名本笃会修女。此后她一直生活在康涅狄格州伯利恒市的赞美圣母修道院（Abbey of Regina Laudis），现在是该修道院的副院长。我们可以想象封闭的"导向"会如何解释这件事——只需回想一下克里斯托弗·希钦斯那本苛责特蕾莎修女的书。[6] 然而有趣的是，我们在 HBO 的纪录片中却没有看到这些。事实上，这部纪录片是一个封闭解释的全新例子。其观点在令人尊敬的同时又叫人充满迷惑，在令人钦佩的同时又叫人充满怀疑。一方面，哈特的道路和选择似乎是难以想象的，更几乎是难以理解的；另一方面，它们见证了某种"不止于此"（something more），正是这一点抓住了导演和观众的注意力。这部电影存在于泰勒所描述的"詹姆斯式的开放空间"，并且是以一种拒绝"导向"的方式存在于其中。

封闭的世界结构

　　泰勒返回到之前承诺过的对"**封闭的世界结构**"之分析

---

6. Christopher Hitchens, *The Missionary Position: Mother Teresa in Theory and Practice*, unabridged ed. (New York: The Twelve, 2012).

（第 551 页）——我们当代经验中令内在框架"倒向"一种**封闭**解释的那些方面。[7]在这样做的同时，泰勒事实上决心将这一解释（"导向"？）的所谓"自然性"（naturalness）去神话化，向我们表明"封闭视角具有理性的'显然性'这一幻象"（第 556 页）。这种想象中的显而易见性，是一种使我们与我们世俗时代的"脆弱化"相隔绝的尝试。[8]

98

作为一种起作用的封闭世界结构之认识论

泰勒感兴趣的是，这些封闭的世界结构是如何**起作用**的：它们对我们做了什么，以及它们如何塑造了我们的经验——它们如何"倾斜"了内在框架，在甲板上放满了货物，并因此束缚着我们的解释。然而，在论述四种封闭的世界结构之前，他首先举了一个（与此相关的）例子：现代认识论（关于知识的哲学）的模式。[9]泰勒认为，因其构建知识的方式，向一种现代的基础主义式（foundationalist）认识论的转变，是作为一种封闭的世界结构在运作；始于对我的表达之

7. 这里的"世界"指的是海德格尔所说的一种被建构的环境（第 556 页）。封闭的世界结构几乎类似于海德格尔的**实存性**（*existentiale*）。
8. 泰勒将很多东西包含在一个有关脆弱化的重要脚注中：脆弱化是"更加接近的替代物"的结果，"导致社会中越来越多的人改变他们的立场，也即在他们的有生之年'转换'或采纳了一种不同于其父母的立场"（第 833 页，脚注 19）。但"这与 Berger 看似所暗示的被认为更剧烈的信仰的脆弱化无关。相反，在当代困境中产生的信仰可能更强烈，因为它不被扭曲地直面其替代物"（第 834 页）。
9. 这一点与他的另一篇论文遥相呼应，见 Charles Taylor, "Overcoming Epistemology," in *Philosophical Arguments* (Cambridge: Harvard University Press, 1995)。

确定,产生了一种关于确定性的同心圆。"这可以作为一种封闭世界结构运作,因为很显然,通向超验者的推论位于推论链之最极端和最脆弱的一端;它最易受到认识论上的质疑。"(第 558 页)如果知识是认识某种位于我心灵"之外"的东西,那么超验世界便似乎在人们所能触及的尽头。这就使得任何关于与之接触的期待变得不再可能,而整个关于超验的观念也变得越来越不可信了。

然而,如果现代认识论是封闭世界结构的一个平行物,那么海德格尔和庞蒂对这样一种认识论的批判,便向我们展示了一种对封闭世界结构的批判大体上是什么样子(第 558 - 560 页)。换句话说,诠释学的现象学对原教旨主义及相应真理理论的批判,也应该赞同一种对封闭"导向"的批判。具体而言,这一批判质疑这种对知识之解释的中立性和"自然性"——与此同时还质疑**许多**存在于当代分析哲学行业中的现状,

如果认识论中的基础主义范式自身是一种"封闭的世界结构",令我们偏向一种封闭的解释,那么如此多的基督徒护教者认同基础主义的理性概念以及一种"古典的"护教学,岂非莫大的讽刺?这种基督徒的回应本身,已经对一种"封闭的"解释让步了。**一种"开放的"认识论是什么样的,它又会产生一种什么样的护教学?也许认识论中的非基础主义已经见证了内在框架中的一种"开放"?如果这样的话,也许后现代主义是基督教的盟友,而非威胁?**

99

它们通常都赞同支配着当代哲学的偏激的自然主义。[10]"认识论图像从其自身内部来看，似乎没有什么问题。它看上去好像是在反思我们的知觉，以及获得知识时我们得到的明显发现。"笛卡尔、洛克、休谟等终于"看到了"一直在那里的东西。然而，"从[海德格尔等人的]解构观点来看，这[显然性事实上]是最严重的自我蒙蔽。更确切地说，实际发生的是，一种强大的**理论**将经验雕刻成形，这种理论把个体的、中性的、内在心理的首要性预设为确定性之所在。"（第559页，粗体为笔者所加）事实上，泰勒指出，作为这一认识理论之基础的，实际上是一种**道德**标准："这里有一种伦理，强调独立、自制、自我负责，强调带来控制的漠然。"（第559页）因此，这种理论是包含价值的，并且炫耀自身为一种"需要勇气的姿态，即拒绝由对权威的顺从而来的简单舒适，拒绝迷魅世界的慰藉，拒绝向感官刺激投降"（第560页）。

在这里，我们看到了泰勒对封闭世界结构之批判的两个关键方面。（1）一旦我们移除（减去）了神话与迷魅，那些东西（它们假装"发现"了事物的真实样貌，以及对实在之"显然"的揭示）事实上是一种建构，一种**创造**；总之，这不只是一个化减故事。（2）封闭世界结构背后有一些基本的道德义务，特别是关于**成年**的比喻，包含着抵御安逸的童年迷魅所需的勇气。简而言之，"看到"内在框架的封闭性，

---

10. 对那些试图挑战自然主义的基督教哲学家而言，采用与自然主义如此类似的认识论框架，是多么讽刺的一件事。

就等于一种成长。以这种方式，世俗的"导向"与成熟相关联："作为成年的现代性。"（第 588 页）然而，它是一种**理论**，而非中立的数据，而泰勒则一直都在质疑这种自我欢呼的故事。

作为封闭世界结构之集中表达的"上帝之死"

100

泰勒将"上帝之死"作为一种方式，来概括一种关于封闭世界结构的"集中表达"——一种"一揽子交易"，它令我们倒向一种对我们经验的封闭、内在的解释。这个词很好地抓住了这样一种含义，即"在现代世界，信仰上帝的条件提高了，在其中，我们不可能在没有困惑、敷衍或心有保留的情况下就诚实地、理性地信仰上帝"（第 560 页）。因此，"上帝之死"不一定仅仅是尼采的呓语；相反，泰勒的观点是，"上帝之死"更像是一种我们时代很多从未读过尼采的人所经历的现实。上帝之死被视为科学的判决和当代道德经验所产生的效果。

首先，科学偏向了唯物主义，并且伴随着一种"正是如此"的故事，后者产生了向无求于外的人文主义的"转向"——惋惜的、怀旧的，但却是勇敢的转向（第 563 - 564 页）。正如我们已经看到的，在这种"科学"的故事里，最重要的并非对经验数据的解释，而是一种"伦理"，亦即一种对待世界的立场。"对新伦理学的皈依让他学会了不相信他自身某些最深处的本能，尤其是那些将他引向宗教信仰的本能……关键的变化是在给予信仰倾向的地位上；这是解释上的根本转变之目标。它再也不是在我们里面使我们走向真理的推动力,而是相反地变成了最危险的诱惑,让人违反信仰形成的朴素原则。"(第 563 页)

在这里,泰勒质疑的是被想象的"发现":人们声称,"某些步骤被当作一个简单的发现而被忽视了,实际上它更像是一种新的建构。""'上帝之死'的倡导者愿意把'无神性'看作是科学所揭露出的宇宙的一个特性",但事实上,这同样是一种**解释**,一种说明,一种对某个"世界"的**建构**(第565 页)。

而且在泰勒看来,这些"论证"实际上很难成立。那么人们因何会被这种故事所俘获? 是什么让他们改变了信仰? 我们如何解释这些差劲的论证所拥有的力量(第 567 页)? 泰勒的回答是,首先,这些信仰的改变实际上是皈依一个**新的**权威,而非知识独立性的假设。在科学的"正是如此"的故事背后,存在着一种**伦理**故事的力量:**为什么不成为一个大人呢**? 但在此处,泰勒又提出了一种苔丝狄梦娜(Desdemona)的类比。[11] 其观点是:其他来源或解释已经沉默了;我们只能听到伊阿古(Iago)的解释,因此"在现代视野中,苔丝狄梦娜的声音必将是非常微弱的",并且"彻底不被信任"(第 568 页)。[12]

101

---

11. 来自莎士比亚的《奥赛罗》(*Othello*):苔丝狄梦娜被与之不和的丈夫奥赛罗杀害,因为奥赛罗只听信伊阿古所言,后者让他相信苔丝狄梦娜是一个淫妇。(回想迪士尼的《阿拉丁》中的伊阿古!)

12. 然而泰勒也注意到这一语境下相反的可能性:"面对巴塞尔美术博物馆收藏的汉斯·霍尔拜因(Hans Holbein)的作品《死去的基督》(*Dead* (转下页)

　　第二,无求于外的人文主义建立了宗教(基督教)与人文主义的二分法。"如果你还没有甩掉旧信念,你就不能完全投身于当代人文主义者的关怀。你不能完全支持现代,却又依然相信上帝。"(第 572 页)因此,任何人如果想要"认同它"——任何人如果想和朋友分享人文主义对公义的关注——都会因压力而放弃信仰,进而采取一种"封闭的"解释。然而,泰勒质疑这种虚假的二分法;并不是基督教对立于无求于外的人文主义,而是基督教人文主义对立于无求于外的人文主义。[13]

　　正如泰勒反复强调的那样,科学唯物主义之"正是如此"的故事背后,存在着一种**道德**。它采纳了一种对现代性自身之出现的解释——泰勒称之为"从多佛海滩来看的观点"(暗指阿诺德)。* 这在根本上是一种化减故事,因为在其看来"转向现代性是由于传统信念和传统忠诚的丧失"(第 570 页)。我们**发现**,我们孤独地存在于宇宙之中,而如

　　(接上页)*Christ*,有关死亡的绝对终局),陀思妥耶夫斯基曾经获得异象,此异象使他确信,必定有更多的东西;然而这幅作品很容易产生相反的效果——拖你下水,并迫使你放弃自己的信仰。"(第 569 页)陀思妥耶夫斯基的小说《白痴》(*The Idiot*)中的王子形容这幅画说:"看到这幅画,有的人可能会失去信仰。"(引自第 836 页,脚注 33)

13. 并且无求于外的人文主义在只依靠内在资源("善的难题")解释普遍的公义与仁慈时,遇到了困难(第 572 页)。比较 Nicholas Wolterstorff, *Justice: Rights and Wrongs* (Princeton: Princeton University Press, 2008)对权利/公义之"世俗"(即无求于外的人文主义)解读的批判。

* 指马修·阿诺德(Matthew Arnold, 1822–1888)所写的诗歌《多佛海滩》(*Dover Beach*),该诗是对欧洲基督教社会衰落所发出的无奈叹息。——译者注

果真的存在任何意义的话，也必须是**我们去制造**。然而再一次，这个关于揭示与发现以及"直面实在"的故事，遮蔽了现代性在根本上是个**发明**（invention）这一事实。"这一视野从图景解读出的，是这样一种可能性，即西方现代性也许可以由其自身关于善的积极愿景来推动，也就是说，由众多其他唾手可得的愿景中的此类愿景之集合来推动，而不是在旧的神话和传说被推翻之后，由剩下的唯一可行的一组愿景所推动。"这便是为何泰勒会认为，正是"科学"故事的**道德**力量——而非其"证据"（它并不评估证据，它自己就是证据或权威）——赋予了它权威。这个关于"发现"的故事"将现代的、自由的身份认同之特征'自然化'了。这些叙述无法将此身份视为关于人之能动性的诸般历史建构的理解之一"（第571页）。简言之，它们并不将其视为一种"解释"。[14]

　　然而在某种程度上，无求于外的人文主义的"大叙事"并非仅仅是一种解释。相反，它是"一个伟大的道德热情的故事，这热情可以是向着一项发现，可以是向着从更紧密、更封闭的关系（包括过度的控制和令人反感的区分）的狭隘世界中解放出来"（第575页）。——换句话说，大学二年级

---

14. 这里有一个重要的方法论补充：当泰勒试图通过指出其说明的偶然性和作为解释的性质，重新神话化去神话者，以及迷魅祛魅者，这并不意味着对其解释本身力量的削减。他只是想揭示出其"显而易见性"主张背后的东西——即揭示出他们的"导向"，并迫使他们承认他们最多只能提供一种"解释"。事实上，他强调："如果我可以合理地讲述这个故事，那么我们就会看到'上帝之死'的说明具有某种重要的真实性。"（第836页，脚注41）

的大赦！——与此同时却忽略了以下事实，即另一些人将这一"解放"经验为"最关键、最基本的社会纽带的灾难性崩溃"（第 576 页）。[15] 这个故事的吸引力在于"我们得到解放而进入的空间"（第 577 页）。他认为，其目标在于成为"X代一员"（第 578 页）。[16]

在这样一个对任何超验性封闭的新世界中，我们孤独而不拥有任何意义；如果想要拥有任何意义的话，我们必须自己去**制造**它。这种处境可以是令人兴奋的："我们还会被下述感觉撞击，即我们仿佛站在一个规范的深渊［《情归新泽西》］面前，这个不长眼睛、不长耳朵的沉默宇宙根本不提供任何指导；我们在这里遭遇到一个令人兴奋的挑战，它鼓舞着我们，它甚至会唤醒一种对于这个陌生宇宙的奇绝之美的感受，并且面对此宇宙，我们坚持要求担当意义的制定者。"（第 581 页）然而，它也可以是骇人的，因为动摇我们顺从外在权威决定何为善的习惯，是令人十分痛苦的。

再一次，这里有一种对相关美德的道德解释在起作用：面对这一无名及沉默的宇宙，"某种决断是需要的。并且这种决断需要某种勇气；因为更高源泉和压倒一切的声称之间的关联是如此深深根植于我们的历史和文化，或许甚至

103

---

15. 事实上，泰勒似乎主张这种"解放"也许无益于人类的福祉。我们真的需要看那么远，以肯定这种直觉吗？有关对这种担忧的文学描述，可阅读汤姆·沃尔夫（Tom Wolfe）的任何作品。也可参见克里斯托弗·拉什（Christopher Lasch）对自由主义之"解放主义"范式的持续批判。

16. 再一次，似乎对我来说，这正是弗兰岑的《自由》一书中（也许是无意地）所质疑的神话（包括困扰帕蒂［Patty］的"X 代一员"动力）。

根植于我们的构造,乃至于对所有外在源泉的驳斥,很容易就会导致我们丧失勇气"(第581页)。荣誉属于我们;我们自己做出了决断。

但如果我们得以自我授权,我们仍需做出一种选择。在面对这一决定时,我们要么选择重建人文主义——就像加缪(Camus)和德里达(Derrida)那样(第582-586页)——要么选择一种更激进的自我授权,即一种甚至需要更多勇气的尼采式价值重估:将人文主义也放弃(第586—587页)。"因此我们看到关于自我委任的叙事可以用多种方式来讲述,其中一些非常激进。但这个故事时常在没有区分这些不同形式的情况下被讲述,它被当作是一个一般的故事,指向最明显的事实,即随着上帝和有意义的宇宙之终结,我们成了唯一能授权的主体。"(第587-588页)然而,"自我授权的叙事,一旦更仔细地去考察,就远不是自明的;而它们在许多人的思想中所具有的自明地位,只是强大而普遍的封闭世界结构的一个方面,即把一种封闭的导向强加给我们共同的内在框架"(第589页)。这并非一种把我们说服的理论;相反,它是一种深入我们骨髓及我们社会想象的基本导向。

交叉压力：世俗时代的信仰

值得注意的是,泰勒并不认为交叉压力更多是来自内在性和超验性自身,而是来自"一边是封闭的内在叙事的拉力,另一边则感受到这种叙事的不充分"之间的一种压力

（第 595 页）。"我们遭到两股势力的撕扯，一是反基督教的
推力，二是对某种极端还原形式的排斥力。"（第 599 页）因
此，交叉压力产生自一种更模糊的抵抗意识，甚至是对封闭
还原论的"厌恶"和"畏缩"意识。（"这就是全部吗？"）这里
存在着一种根本性的不安，其对象是唯物主义以及与之相伴
随的还原论；这种不安产生了一种对唯物主义之封闭性解释
的抗拒和厌恶（第 595 页）。事实上，他认为这种交叉压力
"定义了整个文化"，但这并不是说大多数人并未"以一种相
对不被打扰的方式隐藏于这种或那种立场"（第 598 页）。

在这里，泰勒回过头来开始讨论一个对他而言非常重
要的词：**完满**（fullness）。对形容令我们交叉受压的"不止于
此"的感受而言，这是个实用的比喻。因此，各种对还原论
和封闭性的抗拒所表达的"不安"，在于"还原论唯物主义者
对人类的描述根本就没有给他们所理解的完满留下任何余
地"（第 596 页）。当然，泰勒并没有明确这种完满，因为他
在寻找一个"普世的"词，其无需是内在宗教性的，甚至不必
然是超验性的（因为"许多对唯物主义有着同样消极反应的
人，也想要对照正统宗教或至少对照基督教来定义自身"
［第 596－597 页］）。因此，"完满"并不是"上帝"的代号；
相反，泰勒认为"所有人以及所有哲学立场都采取了关于人
类生活之伟大和完满的某些定义"（第 597 页）。正是这一
完满——或至少是对完满的需要——令我们无法摆脱困境，
并令我们留在交叉压力之中。

泰勒指出了他在第 16 章中不断论及的关于交叉压力的

三个"领域"（第 596 页）：

1. **能动性**："我们不只是被决定的，我们也是主动的、能建立、能创造、能塑造的能动者。"
2. **伦理学**："我们有更高的伦理/灵性动机"，这些动机无法被化约为生物本能或"基本"驱力；以及
3. **美学**：因为意义感的存在，"艺术、自然触动了我们"；它们不仅仅是对快感的不同反应。

　　泰勒认为"根本就无法逃避……'完满'的某种形式"，所以我们的讨论实际上是关于"真正完满是由什么组成"的问题（第 600 页）。他主张，重要的是人类生活的目标，"人生目的"（第 602 页）。换句话说，关于"真正完满"的讨论，是一场关于如何理解我们的"伦理困境"的讨论：什么才算是"完满"（或影响"完满"）？

　　正是在这里，泰勒的论证似乎决定性地转向了"护教的"方式，并紧扣这样一个问题，即"封闭性"的内在框架是否足以解释完满。泰勒始终追问这个问题：一个人的本体论是否足够支撑一种完满意识。"除了承认那些你依然想要否认的东西，例如，对超越之物或更大的宇宙力量或其他任何此类东西的指涉，你是否还能真正为这些特征留出本体论空间？换句话说，这个中间立场真的可行吗？"（第 605－606 页）

　　例如，当我们被美所感动的时候（上文的第三个维度）："在一个排除了超越之物的本体论中，我们能够理解经验

吗？"（第606页）泰勒的回答非常有趣："确实如此，但……
只是部分上是如此。"（第607页）封闭性解释如何能够说明
巴赫、但丁、沙特尔大教堂的力量？[17]"这就给不信者带来挑
战，他们要去找到一种非有神论的语域，据以响应这些作
品，但又**不至于让作品贫乏化**。"（第607页）或者举一个伦
理学的例子（上文的第二个维度）："得到正确理解的道德或
伦理生活是否真的能够被那些与我们支持的本体论相符合
的叙述所把握。"（第609页）在唯物主义的桎梏中，我们能
够解释道德主体吗？例如，"一种'自然主义'的描述能否解
释普遍主义现象"（第609页）？[18]尽管如此，这并不是一场
泰勒想要赢得的"解释战争"；至少在这种语境下，这些问题
的重点是如何替代对某些"封闭"解释的"偏颇"信心。

重绘张力地图；或所有人的困境

　　在第16章的结论部分，泰勒强调，现代性的核心渴望
之一，是"对整全性的渴望"，它既包含对日常生活的肯定，
又包括对身体及其欲望的肯定。一方面，它由宗教改革对
一种创造神学的恢复所解放，后者在承担起**上帝面前**的责
任之同时，亦肯定有限性、日常生活以及"世俗1"的追求；
另一方面，类似这种对身体及感官享受的肯定，时常作为一

106

---

17. 比较 Julian Barnes, *Nothing to Be Frightened Of* (London: Jonathan Cape,
　　2008)一书中对宗教艺术的讨论。
18. 泰勒将这一迈向团结本质的"一步"视为"现代性的关键特征"之一，以及
　　现代性的关键渴望之一（第609页）。

种对宗教的批判而被激发——好像宗教在本质上一定是"清教徒式的"，或宗教"内在地且就其本质而言是阻挠这种渴望的"（第618页）。因此，一方面，宗教好像是肯定这种肉体的"此世"生活的**原因之一**；另一方面，其他人则主张宗教对立于肉体的生活。一种肯定创造之善的神学，似乎会肯定物质生活；而一种痴迷天国的神学，则似乎会取消其价值。

泰勒认为这两个方面都是正确的，并尝试理解问题的复杂性。一方面，他认为在这种批判的背后，是一种对宗教之漫画化的理解——特别是基督教，这种理解忽略了基督教视域中道成肉身的力量，这种力量**拒绝**道离肉身（比较第615页）。[19] 另一方面他也认为，事实上，无求于外的人文主义在这方面有它自身的问题。换句话说，其中存在着许多困境和内在张力；在这个问题上，无求于外的人文主义回答得并不比基督教更好。在接下来的部分，泰勒讨论了在现代基督教和无求于外的人文主义内部发生的一些转变，这些转变试图摆脱这种张力。

从罪到疾病

例如，我们可以思考两种非常不同的对恶的解释。如果我们要肯定日常生活，那么就需要将它解释为某种对具

---

19. 在这条战线上，泰勒会倾向于赞同及推荐当代基督教中的一些"发展"与改变，它们都试图避开这种批判。在这里，批判的读者需要将泰勒的描述从其规定中区分出来。虽然泰勒同情古老的、传统的基督教，但他并未全然为其所束缚，并愿意接受一些我不愿接受的修正。但我会尽量不谈我的看法，因为我的首要任务是呈现泰勒的论证。

体物质生活之善的肯定。但如果我们要谈论日常生活的
善，我们还需要某种对其反面的说明，即某种对恶以及违背
善的说明。泰勒感兴趣的是在我们如何谈论这一问题上，
所发生的重要文化转变——亦即从谈论罪到谈论疾病的转
变。这是两种极为不同的诠释学，两种解释我们当下境况
的不同方式："属灵的"[20] 与"治疗的"。"原先被认为是道
德的问题，现在转换成了治疗性的问题。"（第 618 页）道德
问题被转移到治疗的语域；在这样做的同时，我们不再负有
责任，而是成了受害者。

　　正如泰勒所明确指出的那样，在这种治疗模式下，根本
没有路西法（Lucifer）* 存在的空间："病因与路西法的故事
无关"，因为"根本没有选择"。我的问题更像是一种降临到
我身上的疾病，而不是一种我应该负责的失序。它是一种
我需要从中被治愈的东西，但在这一治疗模式下，与古代的
图景正好相反，"康复并不涉及转变"（第 619 页）。"抛弃
有关罪恶/神圣的属灵视角的一个理由是要反对这样一个
观念，即我们正常的中间位置的存在是不完善的。作为'自
然的'存在者，我们很完美。因此日常的、'自然的'存在的
尊严得到进一步提升。"（第 620 页）从前被视为邪恶的东
西，现在被解释为疾病；表现忧愁的人"只不过是丧失能力
的人"，因此需要被治疗——而不是爱已失序、因此需要恢

---

20. 这里"属灵的"视界相当于他之前所称的"转化的"视界。
* 　路西法（Lucifer），指堕落天使。——译者注

复爱的能力的人。事实上，在治疗的语域中，灵性自身便是病态的，属于压抑我们人性之问题的一部分。

然而，这里存在着一种明显的讽刺：治疗模式意在丢弃罪咎和属灵责任的重负，以及教士与告解神父的怒容，"但现在我们被迫走向新的专家、临床医学家和医生，他们施行一种比盲目的、强迫的机械主义更为合适的控制"（第620页）。在捍卫我们自由的名义下，我们用顺从治疗师替代了顺从牧师。[21]

泰勒认为，在这种治疗模式下丧失的，正是这样一种意识，即甚至我们"正常的、普通的实存"也是失序及冲突的。问题并不仅仅是阻碍我们"正常"行事的病因——好像一旦我们摆脱了各种妨碍我们的"疾病"（**包括宗教**），我们便能够得到解放，成为整全、健康和幸福的人。不，依据"属灵的"（转化的）诠释学，即便我们最好的"正常"，也会为张力及不安所困扰。我们的问题不是某种妨碍我们"善的"正常之疾病；我们的问题**正是**我们的"正常"。在属灵的语域，"灵魂'正常的'、日常的、处境的起点已经部分地为恶所支配"（第619页）。"难道基督徒的布道不总是在反复说，在一个有罪的世界中，罪人是不可能完全幸福的吗？"——在当代基督教世界中，许多人会很惊讶这种说法。正如泰勒所观察到的，"属灵的"视角能够认识到，"即使那些在正常

---

21. 比较泰勒之前对那些拒绝信仰者的讨论，他们"因科学"而拒绝信仰，并完全令自身服从这一新的权威。

人间福祉的领域已经非常成功的人（也许尤其是这些人），也会感到不安，甚至是懊悔，即他们的成就是虚空的。按照那些拒绝了这种所谓的属灵实在的人的看法，这种不安只能是病态的；它完全是非功能性的；它只能使我们倒退。拒绝许多传统意义上的属灵实在，是这个治疗性转换的一个关键因素"（第 621 页）。事实上，从属灵的角度看，恰恰是超验令你陷入窘境；并不是一旦你整理好了你的宗教之屋并认出了超验者，就万事大吉了。[22] 相反，恰恰是超验性的拉扯创造了我们实存的不安和惊骇："人类存在总是被强有力地引向某些定义的完满。大部分人会同意，这些渴望本身有时会是许多深刻麻烦的根源；例如，强烈的道德要求有时会以沉重内疚的形式对我们的生活产生冲击〔欢迎来到加尔文主义！〕。"（第 622 页）这并不是因为属灵像另一种疾病一样降临在我们身上；相反，"从属灵的视角来看，信仰要求会产生严重的冲突，这一点反映的不是它们的天然本质，而是我们真实的（堕落）困境。"

　　因此，问题并不是不允许认识病症（"属灵视角"不是科学教〔Scientology〕，泰勒也不是在求助治疗师的波姬·小丝面前扮演汤姆·克鲁斯！*）。"这里的论题是，你能否单独地谈论病态。"（第 622 页）泰勒承认，"治疗的革命带来许

109

22.　事实上，在《上帝是更大的猫王》这部纪录片中，一个见习修女说，院长嬷嬷德洛丽丝曾经告诉她，修道院的生活"就好像被活着剥皮一样"。

*　指美国演员汤姆·克鲁斯（Tom Cruise）因信仰科学教，反对精神医学，而在 2005 年谴责演员波姬·小丝（Brooke Shields）关于赞同使用抗抑郁药的言论。——译者注

多洞见和方法。正是作为一种**整体的形而上学**，它冒着产生负面结果的危险。"（第 623 页，粗体为笔者所加）在"属灵的"或"转化的"视界下仍然存在着某种东西，能够公平对待我们在我们的实存中感受到的裂缝——以一种无求于外的人文主义的"治疗式"解释无法理解的方式。

对宗教的两种批判

让我们回到由无求于外的人文主义对整全的渴望所发起的对基督教的批判——这种整全性包括它对具体事物的肯定，以及所有与之相伴的特征（日常生活、性欲，等等）。因为它认为只有一种内在主义的视界，才能够真正包含所有物质的、自然的以及身体的事物，所以无求于外的人文主义将基督教（以及其他宗教）之禁欲的、规训的方面视为对"此世"生活的拒绝与诋毁。在这一点上，泰勒提到了两种由无求于外的人文主义所提出的对基督教的不同批判：

1. 通过邀请我们"超越人性"，宗教或基督教实际上令我们变得残缺，压抑我们真正的人性（第 623 页）。
2. 通过许诺世界可以变得不同，"宗教倾向于对现实做一些删改"——掩饰自然中艰难的方面（第 624 页）。

这两种批判，或这些类似的批判，产生了一种困境：对基督教而言，"一个人想要同时避免这两种批判，看上去是比较困难的"。如果你试图反驳"压抑"批判，你就会令自身暴露在"删改"批判面前,因为你会以将事物描绘得比其实然更美好而告终。但是如果你尝试避免不切实际的希望(并因此避免"删改"我们的境况),你听起来便会显得太过冷酷——于是就会重新受到压抑批判。

第 17 章的关键转折,发生在泰勒主张**无求于外的人文主义也面对着相同的困境**:"也许你会猜想有些类似的事情对于不信而言是真实的。不信的观点也许出卖了人类的弱点,因为它们低估了人类改革的能力[上文中的受害者倾向];但它们也有可能把标准定得太高,从而为一些具有毁灭性的变革尝试辩护。"(第 624 页)再一次,双方站在同一起跑线:并非基督教面对困境,而无求于外的人文主义避开了问题。二者无一幸免。

泰勒举了玛莎·努斯鲍姆(Martha Nussbaum)的例子,后者认为基督教代表了对我们人性的压抑,亦即一种想通过拒绝"自然的"冲动、激情等从而超越人性的傲慢愿望(第 626 页)。然而泰勒问道:启蒙运动的人文主义不也对我们提出了同样的要求吗?就此而言,启蒙运动之"文明"(以及与之相伴随的普遍主义)的高标准不也是**作为**超验在起作用吗,即要求我们压抑我们某些最人性的本能与倾向?因此,无求于外的人文主义在这方面真的更优越吗?

归来的内在的反启蒙

如果启蒙运动的人文主义自身便是一种"超越"人性的模式,那么在现代性中看到对这一内在于**内在性之本质**的

110

反动——亦即对肯定超验毫无兴趣，但同时反抗人文主义压力——则是再正常不过。因此，泰勒主张，这不仅是信与不信之间的二元论争；它是一种三元论争，三方分别是（1）世俗人文主义者，（2）新尼采式的反人文主义者，以及（3）那些承认存在"某些高于生活的善的人"（第636页）。[23]

　　通过令事情复杂化，泰勒帮助我们理解了一种奇怪的现象：在内在框架中，我敌人的敌人经常成为我的朋友。因此，超验性的主张者和无求于外的人文主义者都肯定某种"转化"，**作为**某种要求人性达至的"超越"。其结果是，虽然它们在同一平面上有着重要的差别，但面对反人文主义的时候，二者却因对权力意志的共同拒绝而联合起来。我们也可以从另一个角度看：无求于外的人文主义者和新尼采主义者在共同反对宗教关于超验性的各种特殊主张上，也是一致的。因此，如果玛莎·努斯鲍姆和尼采被锁在同一个房间中，他们一定会争论得不可开交。但如果查尔斯·泰勒走进房间并且开始谈论基督教，努斯鲍姆和尼采便会立即忘记他们之前的差异。泰勒有趣地评论道："任何一对都可以联合起来，在某些重要问题上反对第三方。"（第636页）这个三角形也许能够帮助我们理解，为何在世俗时代中会产生某些奇怪的联合。

111

---

23. 泰勒在后文主张，这三者在"超验性的认可者"方面，也许需要被分成两个不同阵营：（a）那些认为全然转向人文主义是一种需要消除的错误的人，以及（b）那些赞同现代性对"实践的生命首要性"之强调，并认可启蒙运动有某些好处的人——这些人甚至有可能说"现代的不信是天赐的"（第637页）。泰勒将自己置于第二种阵营。

超验性的主张者
（"超越"）

致力于现代道德秩序的无求于　　　新尼采式的反人文主义者（"权
外的人文主义者（作为一种　　　力意志"；拒绝"超越"以及现
"超越"的圣爱类比）　　　代道德秩序）

图 4　反启蒙的三极

何种选择？最高要求

让我们回到上文概括的对基督教的双重批判。它被认为要么"删改"现实以及掩饰人生困境中的艰难，**要么**为了某种"超越"的缘故而残害寻常的人类（身体）欲望。这便创造了一种困境，因为很难在避免其中一种批判的同时不陷入另一种批判。泰勒将这一"困境"概括为他所谓的**最高要求**（maximal demand）："如何定义我们作为人类存在最高的精神渴望或道德渴望，且与此同时指示一条通向转变的路径——这条路径不会挤压、毁坏或者拒绝对于我们人类来说是本质性的东西。"（第 639–640 页）

最高要求（几乎）是无法达到的，因此似乎"要么我们为了允许我们日常人类生活得以繁荣而降低我们的道德渴望；要么我们同意牺牲某些日常生活的繁荣以求获得我们更高的目标"（第 640 页）。然而让我们记住：并不仅仅是基督教

112

有这个问题。无求于外的人文主义也许面临着同样的困境，因此互利的现代道德秩序同样建立了一种道德渴望，它要求压抑，甚至"残害"我们日常的人类欲望和身体本能：它们最高的渴望同样具有压抑日常人类生活的危险。"它们时常向自己隐藏这一点，要么因为它们低估了我们离它们的目标有多远——用传统的话来说就是，它们低估了人类的堕落——从而应当受到删改的责备（回忆一下尼布尔［Niebuhr］对自由主义的批判）；要么因为它们对达到目标所付出的代价漫不经心，从而应当受到禁欲的责备。"（第641页）[24]

在某种意义上，无求于外的人文主义所面临的挑战更为严峻，因为它只承认内在性：如果最高要求想被满足，它必须是**被我们**、在"此时此地"（或至少在"世俗"时代之内）所满足。如果我们**不能**达到目标，只能怪我们自己。而基督教对待最高要求被我们在此时此地满足的观点则是心态矛盾的，甚至有些悲观，因为其转化论的视角同时也是终末论的。对基督教而言，"这个转化不能在历史中完全实现"（第643页）。这也是为何"基督教没能真正拥有这个困境的解决方案"，原因要么是因为"它们所指引的方向并不能被**证明**是正确的；它必须以信心来领受"；要么是因为"我们不能完全展示它的意义，即用一个规范或者一个完全指定的生活形式来展现它，而只能指向特定的开拓性人物以及

---

24. 泰勒注意到，无求于外的人文主义脱离这种困境的一种方式，是拒绝启蒙运动的**普遍主义**（尼采的选择）（第642页）。

共同体的典范式生活"（第 643 页,粗体为笔者所加）。你也
许会说,基督教的终末论获得了达到最高要求的时间——
而无求于外的人文主义则没有(也无法拥有)这个时间。

　　然而,我们还需要认识到,某些形式的基督教在"残害"
方面比另外一些更甚——远远无法达到最高要求。这一点
使得泰勒认为存在着很多不同的基督教,也使得他主张"存
在一些明显**错误的**基督教信仰版本"(第 643 页)。在这里,
他清楚地从描述性转向规范性,列出了几种基督教的"失
职"。然而他据以判断某些基督教形式错误的**标准**并不完
全清楚。正如我已经提及的,泰勒似乎想抛弃历史上的基
督教教导的某些方面——如果他认为这样做能够有助于最
高要求的实现。另一些人(比如我自己)则希望用一些更具
想象力的方式,保留历史上的基督教教导,同时关注最高要
求的实现。在根本上,这要求我们首先检验认可这一最高
要求的诸前设,特别是它聚焦于对人间福祉之期待的**人类
中心论**——一种泰勒似乎不加批判而接受的人类中心论。

"柏拉图式的"诸基督教

　　他首先思考的是基督教的"柏拉图化"——即各种贬低
物质和肉体的形式(因此也是最容易受到尼采批判的形
式)。[25] 由此正如泰勒看到的那样,问题在于:"在谈及转化的

---

25. 然而,在基督教中还存在着一种自然神论的错误,它错在放弃了"真正的"
　　基督教之转化论。

时候,基督徒如何能不成为隐蔽的柏拉图主义者?"(第 644
页)"真正的"(即未失职的!)基督教强调道成肉身的重要
性,因此不应被轻易地批评为"压抑"或"残害"——尽管这样
一种真正的、道成肉身的基督教也无法完全逃脱这种困境。

另一种(同样是柏拉图式的)"错误的"基督教形式则
误解了苦修牺牲的本质。在这种错误中,被牺牲的事物被
谴责为坏的,然而在真正的基督教中,这种牺牲**之所以是**
牺牲,恰恰因为被"放弃"者在本质上并非坏或者恶。它
并非一种"本质上的互不相容"(第 645 页),而是一种现
世的、实存的张力。转化论的观点并不是从**根本**上贬抑被
牺牲的事物,而是一种**策略性的**贬抑。它以一种"根本的
矛盾态度"为特征。[26] 这永远都会与内在主义的立场有张
力,后者不为任何**要求**苦修克己的"超越"所困扰。而这
种内在化——在其中苦修克己毫无意义——则是世俗时代
中交叉压力下信仰的一部分。[27] 在这里,泰勒更关注性的问
题。[28] 例如,转化主义的基督教强调贞洁的重要性,并且将
独身视为一种呼召。这很明显剥夺了身体的欲望与渴求,
"压抑了"性冲动,等等。然而它是否因此便将性贬抑为

114

---

26. 我认为,这正是在(凯波尔主义化的[Kuyperianized])美国基督教中日益
   遗失的东西。比较 Hans Boersma, *Heavenly Participation: The Weaving of a
   Sacramental Tapestry* (Grand Rapids: Eerdmans, 2010)。

27. 再一次思考《上帝是更大的猫王》。

28. "我认为在生活中,试图将性满足和敬虔结合起来确实存在张力。"(第
   645 页)这是否因为他不知不觉地、不加批判地接受了某种关于"性满足"
   的观念? 比较 David Matzko McCarthy, *Sex and Love in the Home: A Theology
   of the Household* (London: SCM, 2004)。

恶？并不尽然。它只是在与其他（永恒的）善的比较中，相对化了性的善，要求我们牺牲一种相对的善，以成就一种终极的善。然而在"柏拉图式"的形式中，被拒绝和压抑的性并不真的是一种"牺牲"，而更多是一种被驱逐的恶。因此，我们在这里便有了两种非常不同的"基督教"。"柏拉图式"形式的错误被正确地加以批判（以及拒绝），而非柏拉图式的版本实际上在努力尝试处理最高要求的张力。

惩罚与"现代基督教意识"（或"罗伯·贝尔，遇见查尔斯·泰勒"）

基督教之所以是转化主义的，恰恰是因为它提出了一种**拯救**，一种**救赎**；"这种救赎指向诅咒的可能性，因此指向上帝惩罚的可能性。"（第 646 页）然而，恰恰是这种诅咒和上帝之惩罚的教义，对压抑或"残害"的批判来说十分可疑：永罚将是对日常人类满足的终极"压抑"。因此对无求于外的人文主义者来说，"所有的宗教说到底都是从被杀之物的脑壳中吮血的摩洛神（Moloch）。旧约中对腓尼基异教崇拜的批判，现在被延伸到对超越者本身的信仰的批判。"（第648 页）这对基督教而言是一个很难处理的问题，因为它肯定"上帝不仅仅愿意赐给我们恩惠（一种包括了人间福祉的恩惠），而且愿意让他儿子道成肉身和受难来确保这恩惠"（第 649 页）。事实上，如果一个人做出"人类学转向"，并

115

开始肯定上帝真正在乎的**唯有**[29] 我们的福祉，那么基督教的种种方面便会开始无法自圆其说："如果上帝愿意赐给我们的恩惠，不仅仅包含了人间福祉，**而且完全由**人间福祉**组成**，那么牺牲人间福祉的某些部分以服侍上帝有什么意义呢？"牺牲变得无法立足，甚至无法想象（因此便有了对传统赎罪理论的拒绝）。在我们的可信性结构当中，不再有解释神圣暴力的空间——这进一步削弱了任何关于"赎罪"的观念（第 649 页）。事实上，有关赎罪的惩罚性代赎式（penal substitutionary）阐述只会显得"荒谬恐怖"。这正是十字架为何隐退的原因所在；基督的**生命**——他的言辞或教导——变成最重要的（第 650 页）。我们正走在通往功利主义（Unitarianism）的路上。

"在这个……人类中心主义思潮中，它必然是完全建构性的和正面的……上帝的愤怒消失了，只剩下他的爱。"（第 649 页）因此，我们得到的是"显著的现代现象"："地狱的没落"（第 650 页）。让我们转向罗伯·贝尔（Rob Bell）。[30]

因此，难道一种"真正的"基督教不该想要回到从前吗？"但答案是不是太简单了？仅仅是废除人类中心主义

29. 这便是使得乔纳森·爱德华兹（Jonathan Edwards）的上帝在现代敏感的心灵看起来不仅无法想象、更是应该谴责的东西：爱德华兹的上帝关注的是**上帝**，而不是我们。

30. 见 Rob Bell, *Love Wins: A Book about Heaven, Hell, and the Fate of Every Person Who Ever Lived* (San Francisco: HarperOne, 2011)。也见下文对贝尔的简介，Kelefa Sanneh, "The Hell-Raiser: A Megachurch Pastor's Search for a More Forgiving Faith," *New Yorker*, November 26, 2012, pp. 56 – 65。

的转向。"（第 651 页）没那么快——泰勒提醒道。首先，即
便我们想要这么做，也没有简单的回头路可走。人类中心
的转向已经发生了；它正日益成为我们所呼吸的空气。[31] 甚 116
至正统基督徒也可能没有意识到我们已经为其所渗透的程
度。其次，对泰勒来说，我们不应该想要回到从前。[32] 泰勒
将整个赎罪-诅咒的情结归咎于一种"极端奥古斯丁主义"
（hyper-Augustinianism），其假定"人类中的大多数都将被永
罚"（第 652 页），而这很显然是传统中他不想与之有关联
的一个方面。[33] 但他主张，"还有一个更广泛的基督教信仰
和情感的频段，在其中，'地狱的没落'是一个积极的教义
变化"（第 653 页）。因此，我们便有了"现代基督教意识"
（第 655 页）。

> 因此这种现代基督教意识就存在于一种张力之
> 中，也许有时感到它类似于一个处在现代人文主义发
> 展中所得出的结论和它对基督教信仰的核心奥秘的依
> 恋之间的困境。它认可地狱的没落、对赎罪的司法-惩

---

31. 它可以在无需成为决定论的同时是真实的。泰勒以一种类似的方式强
   调如今没有一条逃离"内在框架"的道路。然而，我们可以在内在框架
   之内肯定超验性。同样，我会说，我们可以认可人类中心主义思潮的
   普遍存在，但这种认可的核心是肯定一种激进的上帝中心想象的可信
   性。我认为，这正是我们在对奥古斯丁和乔纳森·爱德华兹之复兴的
   兴趣中所发现的东西。

32. 在这里，我认为泰勒令人沮丧而且古怪。为什么肯定人类中心转向的**这
   个**方面？在我看来，它非常自我矛盾——好像泰勒在这一点上故意做出
   不一致的结论。

33. 问题在于**大多数**人将被永罚吗？抑或任何人都将被永罚？

罚模式的拒绝、对神圣暴力的任何解释学的拒绝，并且承认人间福祉的全面价值。但它不能接受内在性中的自我封闭，并且意识到上帝已经在基督的生与死中赋予苦难和死亡以一种新的转化意义。（第 655 - 656 页）

然而，很难看出这如何不是一种新的自然神论，或不会走向一种新的自然神论。论证到了这里，我们似乎能够体会到一点泰勒的品味和偏好，但也仅此而已。人们可以就此提出一系列问题：我们是否正在以某种**投票**的方式评估"失职"？就好像这是一个民主的过程，我们通过观察多数人接受的是什么，来决定基督徒应该相信什么？当然"难以置信"（第 654 - 655 页）本身并不是一个充分的标准——如果它是的话，泰勒对超验性的整个解说都会被摒弃，因为它对很多无求于外的人文主义者而言是"难以置信"的。正在自食其果的是某种我们已经注意到的东西：泰勒（未明确说出的）用来判断何为失职的标准。

暴力呢？

现在让我们转向一种关于压抑或"残害"的批判，其在精神气质上基本上是弗洛伊德式的（Freudian），但也反映在最近一些对进化心理学的讨论中（也因此具有重要性，因为基督徒努力对抗对人类起源的进化论解释）。对基督教（图 4 中"超验性的主张者"）提出的问题如下：你能否解释那些似乎在本质上属于人的**驱力**（欲望、性欲、暴力，等等），亦即似乎纯粹是**自然的**人性特征？ 基督教的"转化主义"是否在本质上"残害"以及压抑人类存在的基本特征？ 如此，难道基督教在本质上不是一种反人文主义吗？

我们已经看到泰勒是如何回应压抑批判的：（1）我不确定启蒙运动的人文主义是否摆脱了同样的问题，以及（2）我能够想象一种基督教的形式，类似于一种"具有超验性的人文主义"。接着，沿着相同的路线，泰勒处理了似乎属于"自然的"人类指向**暴力**的驱力（可与弗洛伊德［Freud］在《文明及其不满》［*Civilization and Its Discontents*］中对桑纳托斯［Thanatos］*的解说相比较）。[34]

一方面，基督教似乎拥有一个简单的现成答案：暴力并非"自然的"，它是**堕落**的一种反映（第 657 页）。然而，他之前讨论过的"现代基督教意识"（第 655 页）并不倾向于这个答案，因为它"看到，人类的自我肯定是如何密不可分地与它的扭曲形式交织在一起"（第 657 页）。[35] 它尤其为"狂乱的"暴力所挑战，为其所困惑，这种人性中的狂野一面似乎特别在青年人身上显明出来。我们如何解释它？"如何看待它？"

---

* 桑纳托斯（Thanatos），希腊神话中的死亡之神，弗洛伊德用它比喻人类自我毁灭的本能。——译者注

34. 它可以支持泰勒对启蒙运动人文主义的回应：在弗洛伊德的解释中，"文明"在本质上是一种压抑、一种残害。

35. 当然，一种奥古斯丁主义对"堕落"的说明同样认识到了这一点，但我不打算在此详述。

118   "在我们的文化中，一条通常的路径就是漠然的、客观化的'科学'路径。暴力倾向，可以用生物学或进化论的术语来理解。它以某种方式'注入了'我们。"（第 657 页）如果人们采纳这种思路，那么暴力就是进化过程中的返祖："文化在进化，带来了关于道德行为的越来越高的标准。我们现在活在人权的观念中，且部分地倚靠它，现在的人权观念是严格的，这种严格是先前文化中的人权观念完全不能相比的；但旧的推动力仍在潜伏，它等待着允许它破茧而出的特定极端状况。"（第 658 页）因此，暴力冲动无法从我们的基因或荷尔蒙中抹去。

  但对泰勒而言，"这种解释看似非常不充分。这不是说身体化学不是一个关键因素，但它从不仅仅通过人类生活来运作，只有通过事物对我们的意义，它才能运作。荷尔蒙的解释不能告诉我们为什么人类易受某些**意义**的影响。"（第 659 页，粗体为笔者所加）因此，仅仅是生物学的解释并不充分；我们需要一种"元生物学的"（meta-biological）解释，亦即一种能够说明暴力在我们的世俗时代有何意义的**文化**解释。如果在一种"封闭的"解释中我们只剩下纯粹生物学的理解，那么泰勒便在护教的意义上得了一分：也许一种"封闭的"解释无法真正理解我们的世俗时代；而且，这也许为更仔细地思考一种"开放的"解释打开了大门。

  泰勒认为，很"明显"，"基督教需要某种对我们暴力冲动的元生物学解释"（第 660 页）。然而在此之前，他也考虑了另一个选项：对这些暴力冲动的尼采式欢呼与肯定。其代表是巴塔耶（Bataille，第 661 – 664 页）。[36] 这种"解释"的重点并非认识到暴力的不可避免性，而是其仪式性的欢庆与疏导："要训练人类走出这种需求、在文明的规训中抛弃它们，这样的尝试不仅注定会失败，而且还会使人类生活变得残缺不全。"（第 664 页）在这里，我们再一次看到了反人文主义的批判不仅指向了基督教的超验性，也指向了启蒙运动的"文明"（努斯鲍姆的"内在超验性"）。

　　泰勒在谈到基督教的时候，稍微重新调整了这个问题："无论这种暴力倾向是生物学的还是形而上学的，它终究留下了一个任何基督教的理解必须要解开的谜题：我们**所知道的**人类本性如何是按照上帝的形象造的？"（第 668 页，粗体为笔者所加）在回答这个问题时，他提供了一种假设：当然，他说，"人类出生于一个动物王国"，因此他们（特别是男性）表现出"一股强烈的性推动力，以及许多侵犯行为"，这再正常不过了。然而，他们同样也被创造为**受上帝所指引**。"为上帝所引导，就意味着要对这些推动力进行某种改造；不仅仅是对它们的压抑、抑制，对它们加以限制；而是真正将它们从内部转向出来，通过一种改造，让这些力量成为支持上帝的力量。"情爱（Eros）将为圣爱（agape）提供燃料；

119

---

36. 或其他某种"后叔本华主义的愿景"。在这种解释看来，"人类施加痛苦和使他人遭受痛苦，是事物运行方式的一部分，是宇宙中的黑暗和非人性在我们身上产生共鸣的方式。明白这些就等于在人类生活的基础上直视了**悲剧**。"（第 664 页，粗体为笔者所加）这种观点的代表包括海明威（Hemingway）和诗人罗宾逊·杰弗斯（Robinson Jeffers，第 665 – 667 页）。

侵略性变成了与邪恶斗争的能量。那么这种假设中的"恶"是什么呢？它是一种对上帝教化我们欲望的抗拒——一种对转化之呼召的抗拒。

另一方面，现在这种教育学感觉有点像帕拉纠主义；[37] 抑或感觉仅仅是"进步主义的"，甚至是自然神论的："上帝慢慢地教化人类，慢慢地转化它，从内部转变它。"（第 668 页）这个模式内没有十字架的位置（比较第 673 页）。另一方面，泰勒也对这幅图景有所限定："这里可以、也必须有跳跃。否则，我们在回应上帝的时候，就没有显著的进步。有时，你应该与一些历史形式决裂。在这方面，亚伯拉罕是我们的典范。"（第 669 页）开始的时候这种"跳跃"似乎是自下而上的：亚伯拉罕是一个**英雄**，一个征服者。但后来我们会发现这种跳跃其实是由一种类似恩典的、向下的力量带来的：正是"向亚伯拉罕的启示"产生了效果。"伴随启示的是一种**能力**的恩赐"（第 669 页，粗体为笔者所加），而伴随基督而来的则是进一步的启示，它带来作为一个新礼物的力量。这里并不清楚为何泰勒不愿使用"恩典"这一传统的语言。

于是，与自然化的观点和新尼采主义的欢呼相反，基督教并不认为暴力是不可消除的——"扎根过深，以至于难以将它根除"（第 672 页）。然而，这也并不意味着基督教摆脱了问题：我们仍然受制于一种困境，即如果你认可

120

---

37. 请注意泰勒较早前对不同形式的文化"帕拉纠主义"的评论。

或承认现实情况事实上是对神圣教化的回应，那么它们怎
能如此不堪。这理应使我们承认一种关于"人类现实的根
本矛盾性"（第 673 页）。因此，无求于外的人文主义和基
督教再次面对着同样的困境。所以这不应成为替基督徒
高兴的理由（第 674 页），因为那不过是一种幸灾乐祸而
已——我们同样没有"解决办法"（第 675 页）。相反，它
提出了护教学问题："对那些我们最终共同感受为困境的
东西，谁能最深刻、最令人信服地做出应对？"（第 675 页）
世俗 3 时代是一块水平的竞技场。我们都在尝试理解我
们身在何处，甚至**为何**身在此处，而这对任何人来说都不
容易。

　　这与泰勒的"护教学"策略有关。首先，把竞争拉到同
一平面（例如，指出无求于外的人文主义和基督教都面对着
困境）；第二，指出纯粹"内在主义"解释的某些不充分性，
从而为人们能够聆听基督教的解释打开空间；接着第三步，
描绘出一种基督教的"解释"如何能够为我们的经验提供一
种更细致、更全面的说明（一种现象学策略）。[38]

---

38. 这种策略类似于被形容为"改革宗认识论"学派，其代表人物包括阿尔
　　文·普兰丁格（Alvin Plantinga）和尼古拉斯·沃特斯托夫（Nicholas
　　Wolterstorff）。有些人认为，改革宗认识论提供了一种"消极的护教学"：与
　　其说它提供了一种对基督教的证明或"证据"，倒不如说它试图表明基督
　　教信仰是有正当理由的，因此不能被视为非理性的事物而不予理睬。这
　　种信仰和所有其他信仰一样，具有相同的认识论根基——和泰勒相类似
　　的"把竞争拉到同一平面"的策略。有关于此的有益讨论，见 Deane-Peter
　　Baker, *Tayloring Reformed Epistemology: Charles Taylor, Alvin Plantinga, and
　　the* De Jure *Challenge to Christian Belief* (London: SCM, 2007)。

一些人曾经批评泰勒的护教学策略，把《世俗时代》看作一部披着"中立"外衣的、隐秘的基督教宣传手册。[39] 泰勒的反驳是双重的：首先，可以说，没有人能够提供一种"解释"中立的说明。其次，虽然他并未否认其论述中的信仰委身，但他并不认为他的天主教信仰会妨碍他的分析被广泛接受。他会说，因此，"我认为我在为

泰勒坚持认为，虽然他相信一种基督教的"解释"能够说明一种无求于外的人文主义"解释"所无法说明的、关于我们经验的某些方面，但他并不非常关心能够赢得辩论。相反，他所关注的是培养一种"迫切需要的"对话。**世俗 3 时代中的福音主义及延伸如何能够被认为是这样一种"对话"的形式？毫不掩饰的"见证"能够同时包含留意地"倾听"吗？**

一种特定的基督教立场提供理由"，[40] 而且他也承认，"本着坦白原则，我很乐意说明我个人的立场"。然而他很快补充道："**但这并非本书的结论。**"[41] 他继续说道：

> 这并非我要做的事。如果我希望这本书的论述有

---

39. 见 Jonathan Sheehan, "When Was Disenchantment? History and Secular Age," in *Varieties of Secularism in a Secular Age*, ed. Michael Warner, Jonathan VanAntwerpen, and Craig Calhoun (Cambridge: Harvard University Press, 2010), pp. 217–242, 以及 Martin Jay, "Faith-Based History," *History and Theory* 48(2009), 76–84。

40. Charles Taylor, afterword to *Varieties of Secularism in a Secular Age*, p. 320.

41. Ibid., p. 318.（粗体为原文所加）

何效果的话,那么毋宁是如下的东西:我认为,我们迫
切需要的是许多不同立场间的一种对话,这些立场包
括宗教的、非宗教的、反宗教的、人文主义的、反人文主
义的,等等。在这种对话中,我们可以避免相互误解,
并尝试理解他者的"完满"含义。让我懊恼的则是那些
妨碍对话发生的立场:我有一个三段论,能够说明你的
立场是荒唐的,或不可能的,或全然不道德的。当然,
我渴望这种对话有我自身的神学原因,但我很清楚我
们能够在这种对话是有价值的这一问题上,达成基础
广泛的"共识"。[42]

因此,他这一毫不掩饰的出发点,并不妨碍在世俗的交
叉压力空间**之内**能够进行彼此对话。但这同时也不排除参
与者依据他们各自的"解释"提出观点。他论证的其余部分
都是在这一模式下进行的。

这一切的意义是什么?

122

跟随着卢克·费里(Luc Ferry)＊,泰勒认为我们的世俗
时代就**意义**——或更确切地说,"关于意义的意义"——而
言,处在一种交叉压力之下。它并非某种我们可以轻易摆

---

42. Ibid. 泰勒接下来坦承,正是他的天主教信仰令他渴望这一交叉-"解释"的
　　对话(pp. 319 – 320)。
＊　卢克·费里(Luc Ferry, 1951 –　　),法国哲学家,主张世俗人文主义。
　　——编者注

脱的困境,因为"我们所做之事总有一个目的;我们承担起各种计划,与此同时,我们继续维持我们生活的程序"(第677页)。我们的行动天然具有一种目的论,且它似乎总是暗含地具有一种"终极性",即便我们时常更关注那些次终极的东西。因为,永远有一种"元问题"萦绕着我们——特别是当"意义"需要澄清的时候:"这一切的意义是什么?"

对这一问题的力量,人们反应不一。"一些人会认为,你不能问这种元问题,你应该训练自己不要感觉到这种需求。"但它并没有那么容易被压制,而且"只要你脑海中出现了这些问题,你就不能简单地通过忘记它的命令而将它消除"。就好像一个人被告知**不要**去想粉红色的飞象一样。这个让人烦恼的妖怪没那么容易被重新封在瓶子里。事实上,泰勒怀疑那些无求于外的人文主义的解释想要直接消除这个问题——这个问题"来源于一种意义,即比起我们的日常目的来说,存在一些我们能更全面、更深刻地参与其中的目标"。这种"意识"认为"在某个地方存在着一种超越日常生活的完满和富足"。泰勒提醒我们说,"要把它从人心中根除,殊为不易"(第677页)。

另一种"更有效的"回应并非压制它,而是将它内在化,即"在自然的人类领域之内"提供一个答案,提供"我们日常存在的一种超越性"——一种类似于努斯鲍姆之"内在超越性的""水平的"超越性(第677页)。这基本上是将现代道德秩序**当作**是超验的。然而,正如我们将在下文看到的,泰勒质疑这种水平的超验性是否能够承载所需的重量——无论它是否为一种充分的"本体论"（回顾一下上文的讨论）。对我们的伦理困境而言，它是否有足够的支撑力，甚或是无求于外的人文主义所需要的？

　　还原论者——即"封闭的偏见者"——对人们为何会信仰宗教有其自身的解释：因为他们"找寻意义"。封闭的偏见者提供了一种"关于宗教动机的一般性理论"，其依据某种宗教之外的东西"解释"宗教（因此也就通过解释将宗教消除了）。

123

　　然而，泰勒既怀疑这样一种一般理论的可能性，也怀疑关于"人们在宗教中寻求什么"这一问题的各种具体解释。他说，并**不是**"意义"，而且显然不是一般性的意义。"的确，下面这个观念有点荒唐，即认为我们的生活可以专注于这些意义，而不是专注于某些特殊的善或价值。一个人可能会为上帝而死，或者为大革命而死，或者为没有等级的社会而死，但不会为意义而死。"（第 679 页）只有一种已然是世俗主义 2 的宗教"理论"才会这样认为。但"任何真正'进入'某些善或价值的人都必须将这种特殊的善看作是有价值的；这是他为之感动的东西"（第 680 页）。

　　因此，如果不是"一般性的意义"，**到底**是什么推动我们的属灵委身？什么是我们在属灵生活中所追求的具体的善或价值？泰勒在此的观点十分有趣。根据他自己对内在框架中可能产生的三角形划分的解释，人们也许会说，泰勒为了联合对付无求于外的人文主义的宗教化约论，与尼采站在了一起。

宗教信仰和属灵动机从何而来？也许，它产生自一种共同的经验：我们为邪恶与苦难所淹没。虽然生活在一个祛魅的世界，但我们依然感到"不受保护"，"现在，我们感觉苦难和邪恶在世界上兴风作浪，而不是魔鬼和精灵。"（第681页）它可以产生两种不同的反应：

1. 一种**消极的**、自我防御的反应，它尝试一叶障目——用关掉新闻、不停转移注意力或自我麻醉等方法让我们忘掉不好的事，以消除恐惧（显然会被指责为删改现实）。

2. 一种**积极的**反应：努力治愈世界，**修复世界**（*tikkum olam*），（至少）参与解决问题。

然而接下来的问题是：这些策略在何种程度上有效？"我们是如何通过各种防护性的、排外的步骤，以及通过修复的实践，来对付世界的苦难感的？"（第682页）而这似乎都包含了某种内在于"现代超然立场"的**疏离**（distancing）。然而，它可以有几种形式：

1. **自由主义的疏离**：你富有同情心地行动，但有所限制。你并不让自己为其所淹没。你致力于**修复**世界，但并不狂热：你仍然愿意享受一瓶好酒，以及在夜里睡个安稳觉。这是大卫·布鲁克斯（David Brooks）在《天堂中的波波族》（*Bobos in Paradise*）一书中的回答，抑或弗兰岑《自由》一书中自由主义改良家的回答。

2. **布尔什维克的疏离**：在这里你同样自信地致力于修复，参与解决问题，但你同样对路线与策略很有信心，并因此乐意成为一个狠角色，作出重要的决定。"所有的仁慈现在都投入到了这种全能的改善行动之中；因此，这种行为之外的东西都可以被牺牲，或者被无情地置于一旁。这就会允许一个人变得残忍，侵犯对无辜人类生命的普遍尊重原则；而在某种方式上这是自由主义不会追随的，即我们的界限感强制执行了负面的检查。"（第 682 页）这可能导致你放弃普遍性恩惠的承诺："现在，答案的第一个积极部分不再是仁慈，而是下面这个观念，即人类要求自身卓越性的实现，但只有很少部分人能做到；所以他们必须继续前行。"（第 683 页）这是一种法西斯式的**修复**，但有着最好的意图。

3. **受害者的剧本**（左派的倾向）："所有的邪恶都被投射到其他人身上；只有他们是施害者；我们是纯粹的受害者。"（第 683 页）这相当于"一种变异的、世俗化的基督教"，它实现了一种纯粹的殉道——它"以将所有的邪恶都投射到其他人身上为代价，获取了完全的清白"（第 684 页）。问题在于，这会产生其自身的"布尔什维克式的残忍"。

在某一层面上，泰勒用另一种方式将竞争拉至同一平面；原来不仅是对超验性的信仰会产生暴力，以作为对邪恶的回应。不同类型的人文主义，甚至是那些致力于修复的人文主义，也能够产生其自身的暴力，以回应邪恶。而在另一层面上，泰勒并不满足于仅仅将竞争拉至同一平面。事实上，他还主张一旦你将竞争拉平，你也许还会注意到无求于外的人文主义存在着一些缺点："但之后就有问题出现，即是否任何人文主义的观点——仅仅由于它围绕着人类的伟大潜能的图景而被编织起来——都不会诱惑我们忽视失败者、恶棍、无用之人、垂死之人、即将灭亡之人，简而言之，就是否定了期许的人。也许只有上帝，在某种程度上也包括那些将自己与上帝相联系的人，能在人类完全处于不幸时还爱着人类。"（第685页）这"指向一个净化的基督教选项，在这个选项中，一个人可以让自己不畏缩地生活在苦难和邪恶之中，确信上帝的力量能转变它"。然而，这却并非一种"激进主义的"回应，因为其在根本上对离开上帝恩典的转化前景感到不安。在这幅图景中，"通过一个人的在场和祷告，通过一个人的在场并且确认从未缺席的善，这个人就成为解决方案的一部分"（第685页）。它并没有任何预期成功的帕拉纠式激进主义；但泰勒暗示道，就结果而言，它实际上也许**不及**各种愿望良好的修复**那样危险**。

事实上，在无求于外的人文主义中，有一种值得人们注意（以及担心）的**自信**：泰勒注意到，"我们关于我们自身的整个观点——它建基于我们对道德的现代理解以及对一个有序的、规训的互利社会的现代理解之上——就是我们已经来到（一些发达国家）以及正在走向（另一些欠发达国家）一个确立了民主制和人权的文明。"但是，"**这个自信景象的基础是什么？**"（第 691 页，粗体为笔者所加）我们的乐观主义从何而来？这种（过度）自信具备任何充分的基础吗？

仅仅指望"人性"是不够的。"如果我们真的想要进入一种自我维持的伦理法则的应许之地，或者说我们要想满足现代道德秩序的基本条件，即我们的互动确实是互利的，那么我们似乎需要一种更强的伦理，一种对共同体更加坚固的认同，更加团结。"（第 692 页）问题在于，一切世俗形式的团结一致（民族主义等）都会产生暴力。

这便提出了无求于外的人文主义的**动机**问题："我们最高渴望和我们最佳实践之下的动机。"（第 693 页）泰勒会将其形容为我们的"道德根源"。[43] 然而，认出我们的道德**根源**与提供一种对我们道德回应的解释不尽相同。认出我们的道德根源是找到**推动**我们的东西，亦即什么促使我们产生了这种行动。充分地**激发**出普遍同情需要什么？

例如，现代道德秩序被认为是由我们对他人**尊严**的认可所激发的（第 694 页）。问题是：这是一种**充分**的道德根源吗（第 695 页；比较第 605 – 606 页）？现代道德秩序对我们要求很多："我们的时代对人类团结和人类慈善提出了比

126

---

43. 在这里，他再一次回到了《自我的根源》一书的核心主题。

以往任何时代更高的要求。之前，人们从来没有被要求如此一致地、如此系统地延伸得这么远，结果当然是延伸到了门外的陌生人。"（第 695 页）我们该如何努力做到？抑或我们如何**可能**做到？

"一种方式会认为，对这些标准的执行属于我们所理解的正派的、文明的人类生活的一部分。"（第 696 页）于是，这种机制变成了使人**羞愧**的东西：达不到这些预期不仅仅是不正常，更几乎是不人道的。人们可以在一种更高版本的伪善中看到这一机制在起作用：你竟然不循环利用（惊讶）？你竟然用塑料购物袋（惊恐）？你竟然不开普锐斯＊（唔！）？"你竟然不系丝带？！"⁴⁴ 在之前泰勒对**相互展示**的社会性及其产生的自我意识之分析中，也可以看到这一点（第 481－482 页）。因此，我们得到的是公义**时髦**（chic）。

然而，这种自夸的、文明的对他者之关注很容易疲劳（第 696 页）："在人类缺点的现实面前，博爱——对人类的爱——会慢慢地被轻视、痛恨、侵略所覆盖。"（第 697 页）在我被激发帮助贫苦者、脆弱者甚至不值得帮助的人之同时，我也在表扬自己，认可我的道德优越感。因而时间一长，如果其他人无法表现出同样文明的对他人的关注，我便会觉得受挫：**这些人有毛病吗？**⁴⁵ "悲剧式的反讽在于，越是意识

＊　普锐斯（Prius）是日本丰田汽车公司生产的一种油电混合动力汽车。——译者注

44. 暗指美国情景喜剧《宋飞正传》（*Seinfeld*）中的一个经典情节。

45. 这是一种在弗兰岑的《自由》一书中，通过瓦尔特和佩蒂这两个角色而被充分探索的动力。

到这种潜能,实现不了潜能就会越痛苦,由这种失望所激起　127
的转变就越是剧烈。"(第 697 页)用不了多长时间"你就会
变成怪兽,这样怪兽就不会伤害你"(U2 乐队)。你的博爱
变成了厌恶人类。[46]

当然,你现在已经进入了尼采的批判范围:我早知道,他
会幸灾乐祸。在你的怜悯和同情背后,一直隐藏着一种秘密
的厌恶。因此这种博爱实际上一直是自利和自夸的。"一个
尼采主义的谱系学家可以在此忙一阵子了。"(第 698 页)

"也许说到底,拥有一些小目标而非大期望,从一开始
就对人类潜能保持某种愤世嫉俗的态度会安全一点。"(第
699 页)而且泰勒还暗示,对超验性的承认其实可以相对化
我们的期望,因而使我们不至于疲惫、沮丧、不可避免地陷
入对人类的厌恶。因此,这个微妙的建议再次出现了:也许
相比自由主义,基督教没有那么危险。

泰勒以一种护教的基调结束他的论述,指出基督教的
"解释"可能拥有的优越性。如果你不认为圣爱是一种真正
的可能性,如果你已经在某种程度上认可霍布斯式战争的
基本重要性,且如果你不认为上帝、或恩典、或转化真实存
在,"那么情况似乎就是,加缪或德里达那令人敬畏的、斯多
葛式的勇气必须是我们最高的渴望"(第 703 页)。然而,如
果你认为以爱回应作为上帝形象的他者是**真正**可能

---

46. 注意这里暗指叔本华;对叔本华而言,罪恶不是被产生的,而是生产者(第
　　699 页)。现在,将这一点与弗兰岑的小说《纠正》(*Corrections*)中古板的
　　美国中西部神父所提到的叔本华进行比较。

的——如果你认为上帝存在（或可能存在），那么你对我们伦理困境的理解便必然有所不同。在这里，泰勒向读者摊牌："我认为这可以是真的，但只有我们对上帝保持开放才有可能，而这实际上意味着要越过无求于外的人文主义在理论上设定的界限。如果一个人真的相信它，那么你能对现时代说出一些重要的东西，这些东西诉诸所有人在现时代——包括信仰者与不信者——最看重的价值的脆弱性。"（第 703 页）泰勒似乎认为，我们是我们自我实现的预言之接受者；提前决定无求于外的人文主义为我们的道德生活提供了条件，因此我们已经**关闭了对转化的开放性**。

128 ## 不安的居所；或无求于外的人文主义的焦躁

第 18 章的最后部分依据道德**动机**讨论了道德**来源**的问题。现代道德秩序显著提升了我们的道德**预期**；实际上，我们已经超越了亚当·斯密关于自利惠及整体的观点。在一种真实的意义上，现代道德秩序是对利他主义和为他人着想的一种很高的要求。然而，因为对道德来源的理解并不充分，现代性执着于**构建**道德体系——聚焦于越来越严谨的行为，而这日益描绘出更高的道德期待（第 703 页）。因此"现代自由社会的一大部分努力放在了定义行为准则和应用行为准则上"（第 704 页）。政策受到一种"规则制定"所驱动：我们不知道怎样**使**人们有道德，但我们知道如何具体化规则，构建期待，落实法律。这发生在政策中，但也以非正式的方式出现在关于"政治正确"的文化规则中，甚至出现在亲子游戏组之不言而喻的规则中。[47]

这种对规则的执着问题何在？一方面，存在着各种各样的认识论限制：没有一种规则可以适用于所有处境；没有人能够充分了解如何将规则应用于新的情境；当规则冲突时我们会不知所措；等等。所有这些认识论的担心，都将问题看作是**知识**（或缺乏知识）的问题。

然而，泰勒还赞同一种更为根本的对这种规则执着的批判：规则并不能使人们关心他人。换句话说，规则**作为道德来源**是不充分的，因为它们并不触及道德动机之动力。令纳尔逊·曼德拉宽恕别人的，并不是一种规则或规定。这一点指向的恰恰是现代道德哲学的缺失：关注动机。"因为显而易见，在和解与信任的维度上走得更高，会涉及一种动机的转变"（第 707 页）——并没有任何一种规则能够带来这种转变。因此，现代自由社会的"规则崇拜"和"拜规则教"对道德而言并非充分**来源**。换句话说，现代性用自己的语言无法得到它想要的。[48]

因此，我们所遇到的障碍，是现代道德秩序之根本的不

47. 现代性中的哲学伦理学展示出同样义务论式的规则执着；虽然在康德主义者和功利主义者之间存在着各种夸张的争论，但事实上，他们都认可伦理学最终必须明确**规则**（第 704 页）。

48. 这一点非常类似于埃里克·格里高利（Eric Gregory）对现代自由主义忽视"至善论"——道德形成问题——的批判。见 Eric Gregory, *Politics and the Order of Love: An Augustinian Ethic of Democratic Citizenship* (Chicago: University of Chicago Press, 2008)。

完整性。这是否意味着"宗教"能够昂首出现，挽狂澜于既倒？泰勒的回答是，并非如此。"双方都有病毒。"（第709页）换句话说，"我们都有责任。"因此，问题仍然不是令宗教与无求于外的人文主义相互竞争，而是首先要指出双方都面对着交叉压力。然而，正如我们已经看到的，泰勒的策略十分精明：一方面，他想要将竞争拉至同一个平面。另一方面，一旦拉平了竞争，他便开始质疑无求于外的人文主义内在解释的充分性——不是去"证明"基督教是真的，而是令它至少更加可信。这接下来成为了第19章的中心任务。

　　泰勒质疑封闭的内在解释的方式，并非指出其逻辑的不一致，或质疑其前提的精确性，而是主张封闭的解释无法避免幽灵仍旧萦绕，并在我们心中低语。我们的世俗时代为幽灵所萦绕，"无意义的幽灵"（第717页）——在某种意义上，它为完满所差遣。因为它不会走开，而是不断逼压、拉扯我们，它便产生了"不安"（第711页）以及"焦躁"（第726页）。重要的是，基督教（"开放的"解释）能够为此提供一种更好的说明——并不必然是以消除它、故此我们便都能幸福生活的方式，而是以**认出**它，并直面这种不安的方式。

　　这种不安和焦躁在现代经验的两个领域中显示出自身：时间与死亡。

a. 时间

我们已经看到现代性如何驱逐了"更高的"时间，只留给我们线性的、钟表的世俗时间。然而我们的经验告诉我们，时间之无法停止的同质性对我们人类来说，是无法承受及无法维系的。"很值得怀疑，人类能单单生活在这样的时间中。"（第 714 页）我们塑造时间、进而塑造我们世界的方式有两种：周期和叙事。

　　"对我们来说，时间继续是以循环为标志的，我们也循此为自身定向。"它制造紧张与休整的节奏，还制造出一个框架，帮助建构我们的世界和经验。因此，节奏、惯例和时间周期**创造**出我们的时间，并因此勾勒出意义。它可以只是工作日的例行公事，以及"周末"的"节日"。它也可以是普通的"春日扫除"和"夏日假期"。它还可以包括毕业、入学、结婚等等仪式。这些惯例建构了我们的生活，"使得不同时刻相互区分，各有其意义，创造了迷你型机缘时刻（mini-kairoi）来标识时间的流逝。仿佛我们人类对以一种或是另一种方式聚集在一起的时间有某种需要。"

　　我们也在叙事和故事中"收集"时间。我们在一个隐含的（有时是明确的）自传式叙事中构建我们自己的身份（第 714 页）。[49] 但"我们"也创造**民族**的故事——我们一遍又一遍讲述的关于我们（现代）部族的故事。事实上，集体的**庆典**既在仪式或追忆的周期中，**也**在一种压缩的、表演的叙事形式中收集时间（第 715 页）。

---

49. 在这里，泰勒将回忆录这种文学体裁的出现，与这种记录时间的功能关联在一起。也许部分上确实如此，但我认为今天回忆录的流行，更多是与他较早之前对相互展示的讨论有关。

　　然而，这两种策略都因"无意义的幽灵"而变得不稳定及脆弱化。虽然它们也许意在起到与前现代"更高"时间的仪式和叙事**一样**的作用，但事实上我们害怕或认识到是我们编造了它们——我们在试图掩饰一种深渊。威胁着想象中我们的"计时"之自我充分性的，是乏味（vapidity）——无意义性并不表现为恐惧，而是**厌倦**——抑或也许是对厌倦的恐惧。[50]"在较早年代，要是说害怕丧失意义，会被视为奇谈怪论。当人们被置于获得拯救和被罚下地狱之间，你或许可以抗议一位复仇的上帝之不公和残忍，但不会说不存在重要的问题。"（第 717 页）乏味与厌倦是现代性的魔鬼。在惯例失效、叙事消失、时间瓦解的同时，它们萦绕着我们（第 718 页）。接着我们便会抵达"时间意识的危机"，它因更高时间的残余存在，被延缓了很长一段时间（第 719 页）。但当我们有了波德莱尔和普鲁斯特（Proust）[*]的时候，这一借来的资本也消失了。

　　在泰勒看来，正是因为我们的**不快乐**、我们在这些状况中的焦躁，让"我们有理由论说人类中'对永恒的渴望'（désir d'éternité），即汇聚散落的意义时刻，使之成为某种整全"（第 720 页）。似乎在此存在着某些我们无法摆脱的东西——即便是再多的"理性"无神论也无法做到。其持久性

131

---

50. 当然，这一点是大卫·福斯特·华莱士那部未完成的小说之核心关注，见 David Foster Wallace, *The Pale King* (New York: Little, Brown, 2010)。

[*] 普鲁斯特（Marcel Proust, 1871－1922），法国意识流作家，代表作有《追忆似水年华》。——编者注

也许能够成为**这种渴望值得关注**的理由？

b. 死亡

　　另一种也许能够"颠倒"这一方向的现象——颠倒的意思是,指向一种开放的**解释**,而非一种封闭的**偏见**——是死亡,特别是我们挚爱者的离世(第 720 页)。在这里,我们似乎找到另一种对永恒之根深蒂固的渴望,它甚至在世俗的葬礼中也能找到表达(第 723 页)。[51] 当然,这种对永恒的持续渴望"并不表明信仰视界就是正确的。表明的仅仅是,对永恒的渴望并非如所描绘的那样,是小事和孩子气的事"(第 722 页)。更重要的是,考虑有"**不止于此**"这种可能性,能够产生一种更好的对这些现象的解释。至少,如果一个人没有被牢牢困在世俗的偏见中,就应该承认"当一个人忘记这一点时,某种重要的事情就丢失了。终究,这里存在着交叉压力"(第 722 页)。动摇内在主义的偏见,应该能够允许人们承认他们为某种东西所萦绕:"对某种重要东西的若有所失,依然会钻入人心。"(第 727 页)

　　在《世俗时代》的最后一章中,泰勒思考了那些**回应**这种超验压力的人——皈依者。我们最后要转向的正是他们的故事,以及泰勒对他们的思考。

---

51. 回顾我们之前讨论过的场景,见 Rieff, *Swimming in a Sea of Death*。

结语　皈依者

　　至此为止,泰勒已经分析了各种不同的"不信立场"——即一系列在我们的世俗时代从超新星中产生的选项。对这些选项的密切关注,开始揭示出在封闭的解释(当然还包括封闭的偏见,泰勒认为它对于任何一个在理智和实存上诚实的人都是完全无法维系的)之铠甲上存在的一些裂缝。在最后一章中,泰勒转向思考"那些冲破内在框架的人"(第728页)。然而,我认为他指的肯定是那些从一种封闭的解释"皈依"开放的**解释**的人,因为较早之前(第543页及以下)他就强调我们全都存在于内在框架之中:问题并非你是否生活在内在框架中,而是**如何**生活在其中。在《世俗时代》最后一章中,泰勒邀请我们思考一些典型人物,他们都曾带着一种"封闭的"解释生活在内在框架之中,但是以一种深刻的方式和程度感受到了超验性的交叉压力,以至于他们**皈依**了:归向一种"开放的"解释,通常是基督教。他们并没有因此便得以脱离内在框架,但他们开始以一种不同的方式生活在其中。

这种特别的策略值得我们关注。目标并不是证明或证据；重点并非提供一种三段论，以确保分析的真实性。相反，这里所诉诸的是一种"感受"，一种对万物的**感觉**。例如，在引用瓦茨拉夫·哈维尔（Václav Havel）一段长长的证言时，其中的关键词都是表达情感的："感觉"，"我有一种感受……"，"我在某种程度上是'被爱击中'，尽管我不确切知道这爱出于谁和为了什么。"（第729页）泰勒被这样一些人所吸引：他们的皈依类似于一种"感受"。而《世俗时代》的"故事"也试图采用同样的方式，诉诸某种类似于"直觉"或"情感共鸣"的东西。

　　这也是为何科林·雅格曾经将泰勒的方法形容为"浪漫主义的"（而泰勒则很乐于承认这一点）。[1]正如雅格概括的那样，"人们无法简单地将分析内容从故事中提取出来；故事必须被讲述、经验、经历，以**感觉**到它的力量。因此，哲学之歌并非因其内容可能会告诉我们关于时代的精神才被挖掘。相反，哲学之歌之所以是一种批判思想的模式，是因为它能够令它的读者经历它所描述的东西。"[2]在本书第五部分中，泰勒尝试帮助我们**体会**生活在世俗时代的交叉压力空间中是何感受，并且他尝试移情至"封闭的"解释，去感受是什么将人们拉至这个方向。但现在，在最后一章中，他

133

---

1. "让我对科林·雅格说，我承认指控：我是一个无可救药的18世纪90年代那种德国浪漫主义者。"（见 Taylor, afterword to *Varieties of Secularism in a Secular Age*, p. 320。）
2. Colin Jager, "This Detail, This History: Charles Taylor's Romanticism," in *Varieties of Secularism in a Secular Age*, p. 191，粗体为笔者所加。

希望能够提供给内在主义者一种意识，即为何有些人会突
破封闭的解释，以及他们是如何突破的。以一种不同的方
式生活在这一内在框架中是什么感觉？这就是泰勒在结尾
一章中所要努力挖掘的东西。

他通过常常提到一些**模范人物**来达到这一目的。一个
新教徒会采取这种方式吗？不大可能。这种对模范人物的
颂扬来自一种天主教的想象，这种想象把某种标志性角色
给予圣徒。第20章可以被看作由泰勒的圣徒所组成的文
字版的教堂彩色玻璃：伊里奇（Ivan Illich）、马里坦（Jacques
Maritain）以及佩吉（Charles Péguy）。[3] 因此，他所做的正是他
要求的："扩大与圆满的此类接触点的调色板。"（《世俗时
代》，第729页）[4] 这些描绘**是**护教性的。[5]

134　对皈依者的诱惑

泰勒认为，从某种意义上说，所有在我们的世俗时代向

---

3. 可将最后一章与多赛特《坏宗教》（*Bad Religion*）一书对比，后者赞美切斯
　特顿（Chesterton）和奥登（Auden）。见 Ross Douthat, *Bad Religion: How We
　Became a Nation of Heretics* (New York: Free Press, 2012)。
4. 可对比奥古斯丁的《忏悔录》第8卷中关于他人的故事所扮演的角色，这一
　卷即是奥古斯丁之属灵自传中的"归信"之书。相关讨论，见 James K. A.
　Smith, "Confessions of an Existentialist: Reading Augustine after Heidegger",
　New Blackfriars, 82(2001): pp. 273－282(part 1) and pp. 335－347(part 2)。
5. 这也正是他偏爱小说家和艺术家的原因所在，这二者的见证模式更为隐晦
　（《世俗时代》，第732页）。再一次，请思考多赛特在《坏宗教》一书的结尾
　引用约瑟·拉辛格（Joseph Ratzinger）时所欲表达的观点："对基督教而言，
　唯一真正有效的护教最后只剩下两种论证，即教会所产生的圣徒以及她所
　孕育的艺术。"(p. 292)

基督教的皈依,在一定程度上都是**重新皈依**,即回归过去一直赋予欧洲以活力的社会想象。"之前的基督教王国对我们的想象力的局限是巨大的,在某种意义上这也是正常的。"(第 734 页)[6] 然而,恰恰是这种**重新**皈依的动力使皈依充满了一种独特的诱惑:怀乡症。皈依者看到了现代性乏味的扁平化,也许还会对表现主义之"本真性"道德的放纵感到悲哀,因此把目光转向一种对我们社会秩序非常不同的理解——一种全然不同的社会想象,其对超验性开放,并为人间福祉阐明了一种目标(因此并不害怕建构人类社会生活的准则,等等)。于是,你有了某种保守主义、甚或是一种怀乡症的菜单,它强调"欧洲文化的最深根源是在基督教",同时谴责现代性不受约束的主观主义(第 733 页)。这将会伴随"对自由主义和民主'偶像'存持久敌意"。它能导致某种为恢复神圣罗马帝国而进行的十字军运动(法兰西行动[*]),然而至少,它会带来关于"基督教对秩序本身是至关重要的"之认同。泰勒承认,所有这一切"吸引力很强"(第 734 页),但他同时也认为这"非常麻烦"。[7]

---

6. 这是泰勒最为黑格尔主义之处:就我们既定的历史而言,没有"逃离"它的方法,即便我们能够"克服"它。对比尤根·哈贝马斯(Jürgen Habermas)强调就既定的欧洲历史而言,基督教信仰在欧洲持续扮演的角色。见 Joseph Ratzinger and Jürgen Habermas, *The Dialectics of Secularization: On Reason and Religion* (San Francisco: Ignatius, 2007)。

* 法兰西行动(Action Française),指 20 世纪初在法国兴起的一场极右翼运动,支持君主制、天主教,反对民主。——编者注

7. 可是我并没有看到泰勒对**如何**棘手作出解释,除非他假定我们已经得出结论,认为自由主义和民主制度都是好东西。

泰勒认为也许这种怀乡症自身就是现代性的产物之一，这意味着：在后现代性中，本来可以有一种健康的意识，它指向上帝之城的理想与世上之城的现实之间的预期差距（第735页）。然而，晚期中世纪朝向改革的动力改变了它。

135 改革改变了我们的预期，提高了它们，并因此使我们对"差距"的预期不断缩小。事实上，它产生了其自身的激进主义，亦即一种实现了的终末论。"这不可避免会带来有关基督教信仰的要求的定义，这些非常接近于按照此世所能实现的，或在历史中可以被实现的。至高的上帝之城与基督徒恰当顺应的世上之城之间的距离，就不得不缩小。"（第735页）于是，你可以得到它的一个新教版本，在其中，基督教被化约为一种道德主义，并且仅仅被等同于一种"文明"的进步（第736页）。抑或一个天主教的版本，在其中，教会将自身强加于社会秩序之上，作为已经来临的上帝国之例证。在泰勒看来，这两者的共同问题是遗失了对一种差距的预期（第737页）。

事实上，他会在后文中讨论两种思考这一差距的方式。你既可以将这一差距视为**偶然的**，问题出现在当下的秩序，因此如果我们能够恰当地作出调整，它就是可以纠正的。**或者**你也可以将这种差距视为**本质上的**，因此除非基督再临，任何一种令其实现于当下秩序中的希望都是矛盾的（第744页）。[8]

---

8. 再次是格雷厄姆·格林的小说《安静的美国人》（Quiet American）中福勒（Fowler）和派尔（Pyle）的对比。

泰勒似乎认为皈依者特别容易倾向于前者(第 745 页)。跟随伊里奇,泰勒将遗忘这一"差距"视为它自身的一种缺失:"当把基督徒的生活等同于遵从我们文明规范的生活,我们就看不见基督教信仰所展开的进一步的、更大的转型。"(第 737 页)换句话说,这种差距在道德维度的消失(怀乡症的皈依者倾向于此)相当于一种对终末论的遗忘。它产生了一种伊里奇所分析的"腐败的"基督教形式——泰勒为此向我们提出警告(第 741 页)。因此,他虽然为皈依而高兴,但他对此的讨论却以一种对怀乡症之诱惑力量的警告开始。

诗歌路线:霍普金斯

泰勒思考了"通往信仰的不同路线"(第 745 页),即一些模范人物,他们以不同方式突破了内在框架的封闭性。他眼中最有名望的典型人物是杰拉德·曼利·霍普金斯(Gerard Manley Hopkins),他反映了后浪漫主义的艺术路线,特别是诗歌路线(第 755 页)。

这条"出路"有赖于诗学在 18 世纪 90 年代的发展,特别是有关语言是生产性的、而非仅仅是再现性的这一(维科式的[Vico-ish])意识——亦即语言并不仅仅指涉(对象),更在某种意义上**制造**(对象)。"根据这一观点,诗歌有着陈述行为的(performative)因素;通过创造象征,诗歌建立了新的意义。诗歌潜在地制造着世界。"(第 756 页)然而,这同时(重新)引入了一种语言的灵活性,这种灵活性创造了刚好足够的开放性,使得打破对内在框架的封闭解释成为可

136

能。这种对语言的重魅直接反抗了作为单义性结果的扁平化，后者将语言化约为指涉（第758页）。然而，关键并不在于单个的词语，好像问题只不过是找到正确的词法，即某种"新词"，它可以在突然之间打破黄铜天花板。任何"集中在一个词的这种突破，唯有经过大量其他参照、企求和质疑才有可能，施行力也只有在这样的背景下才能在这个词中产生作用"。因此，"使我们产生共鸣的那个力量，在单个词或短语上迸发之前，是通过整个群组建起来的"（第760页）。

然而，在新的诗学中，语言并不仅仅是指涉性的，或仅仅是一个"指针"；它是建构性的，是一个创造者、启示者。很多实在**只有**通过语言——特别是诗歌语言——才能对我们显明。它能够如此，是因为它与我们产生了**共鸣**（第758页）；它在我们内心敲击出了一个和弦。"产生共鸣"的东西同样也可以停止回响："语言会变成死的、乏味的，变成惯例、方便的参照工具、老生常谈，就像不起作用的隐喻，恰恰是不经思索就被援引的。"（第758页）宗教的、仪式性的语言也面临同样的风险：祈祷"会变得了无生气和习以为常"（第759页）。诗歌语言共鸣的这种脆弱性要求不断更新的、"更微妙的"语言："这一本真性要求——典型现代的——似乎在驱使我们朝向新的语言，这种新的语言可以在我们里面产生共鸣。"（第759页）对语言将会走向陈腐的担心是一种典型的现代担心。

霍普金斯的计划是找到一种新的、更微妙的语言，它可以突破在新近工业化的英国由所谓进步带来的丑陋的、暗淡的、工具化的单调（第761页）。你可以在此插入任何一首霍普金斯的诗歌。如果"斑驳的事物"（dappled things）*命名了某种令你在一个明媚的秋日产生共鸣的东西,命名了此前只是一种朦胧的"感受"、一种只是模糊想法的东西——那么,你就能领会泰勒的论述（以及霍普金斯的见证）之含义。如果并非如此,那么泰勒也给不了你更多东西,因为他并不认为他能够**证明**他的观点。然而他会不停地追问你:"难道你没**感受**到吗?难道你没有过那些或是预感、或是极为欢欣的时刻,在其中你无法摆脱关于**不止**于此的意识吗?"

二者择一的未来

所以,我们从这里去向何方?泰勒最终还是没能抵挡住依据所有这些分析做出某种预言的诱惑。如果你是一个"主流"理论家,你仍会预言一种宗教逐渐衰败的未来。但问题在于:这一"主流理论"的基础假设已经被质疑,尤其是被泰勒的分析所质疑。因此,如果主流理论的"基础"已经被动摇,那么人们至少必须考虑另一种解释:建诸这种基础之上的预期结构无法成立。

这便为另一种解释留下了空间,这种解释仍然认可世俗性 3,但却并没有通过解释而消除超验性。泰勒一直都尝试为这个另外的选项制造空间。在第 768 页对此有如下概括:

---

* 指霍普金斯的诗歌《斑驳之美》（Pied Beauty）中所使用的一个意象。——译者注

> 在我们的宗教生活中，我们是在响应一个超越的实在。我们全都对此实在有或多或少的感觉，这实在出现于我们对我所称的圆满之某种模式的识别和承认之际，以及寻求实现圆满之际。圆满之诸模式也被无求于外的人文主义者和其他保持在内在框架的人所承认，但他们认错了圆满。他们把圆满的关键特征拒之门外。因此，我上面所描述的宗教的（重新）皈依之结构特征，即一个人感到自己正打破狭隘的框架而进入更广的领域，以全然不同的方式理解事物，与**实在是一致的**。（粗体为笔者所加）

138　　这是一种毫不妥协的主张。它是无法证明的，它只是对我们的经验提供了一种更好的解释。[9]而这种"更好"是需要被**感受**到的东西。

　　然而，即便一个人也许**感受**不到这一解释的力量，在这种情况下，去想象一个能够感受到它的人如何看待世界，仍然是可能的。可以说，如果人们有了一个不同的"基础"——如果人们从泰勒已经阐明的假设起步，即超验性的存在持续向内在框架中的我们施压——**那么**，"未来看起来会是什么样的呢？"（第769页）泰勒冒险作出了两个有趣的预测：

---

9. 这一点符合泰勒一直以来所说的"最佳解释原则"（见 Taylor, *Sources of the Self*, pp. 58 – 59）。

1. "在一般的平衡点被固定于内在（immanence）的社会（即那里的许多人会难以理解何以一个健康的人会相信上帝），占主导地位的世俗化叙事（倾向于把我们世界的许多问题归咎于宗教的往昔）将变得越来越没有说服力。"（第 770 页）部分原因是因为我们将会看到"其他社会并不会照着做"。然而，内在压力也会存在，这指向他的第二个预测。

2. "同时，对内在氛围的过分集中将激化后来几代人活在'荒原'的感觉，许多年轻人将再度开始超出边界去探索。"（第 770 页）（在这里提及 T. S. 艾略特并不是偶然的。）[10]

　　荒原的乏味伴随着无法消除的超验性之持续压力，将会继续产生各种"第三条道路"。在这种交叉压力的空间之内，一些人将会开始感受到——并且坦白承认——一种封闭性解释的不足。并且一些人将会以他们从未预料到的方

139

---

10. 我想在泰勒的预测基础上，附上我自己的预测：

　　3. 那些由各种大致都属于"基要主义的"基督教形式所培养及塑造的福音派，会采取两种可能的方向：

　　a. 认同现代道德秩序，并因此以某种方式、在仅仅几个世纪之后，重演现代性之道离肉身的发展，从而追赶上更广阔的文化。因此在"新兴教会"和"进步的"福音主义之外观下，我们将会走上一条通往新教自由主义（一种新自然神论）的道路；抑或

　　b. 承认祛魅以及福音派新教的道离肉身，同时拒绝自由主义基督教之基督化的化减故事，并且感觉到更多道成肉身之灵性的吸引力，因此日益转向更为"天主教的"信仰表达——而这些信仰表达实际上将会越来越吸引那些对内在框架的"封闭"解释表示怀疑的人。

式,开始怀疑"出世"是否并非通往完满的道路,自由也许可以在约束的礼物中发现,基督教崇拜中那些奇怪的仪式也许是对最深刻的人类渴望之回答,就好像他们究其一生,一直在等待圣方济各。

术语表

在《世俗时代》中，泰勒引介了一系列术语和短语，或者以某种特殊方式使用某些常见的术语。为了使读者熟悉这些术语，并能更容易记起它们的含义，在此提供一个简明的术语表。

本真性时代（Age of Authenticity［AA］） 是指 20 世纪 60 年代之后的时代，在其中灵性被去制度化，并首先被理解为一种"对我言说者"的表达。表现为**表现型个人主义**（expressive individualism）。

动员时代（Age of Mobilization［AM］） 政治秩序不再被以神圣的方式设立；相反，建构政治秩序并令其符合上帝的律法或设计，成为了**我们的**任务。约在 1800 年至 1960 年。

旧制度（Ancien régime ［AR］）　泰勒的宗教身份"类型"之一，古代及中世纪的秩序将宗教身份与政治身份相关联：君权神授。

缓冲的自我（Buffered self）　在现代的社会想象中，自我被隔绝于一个内部的"心灵"中，不再易受超验者或魔鬼的影响（伤害）。与**可渗透的自我**（porous self）相反。

封闭的世界结构（Closed world structures ［CWSs］）我们当代经验的某些方面，它们令内在框架向一种**封闭的**解释倾斜。另见**导向**（spin）；**解释**（take）。

交叉压力（Cross-pressure）　各种属灵选项同时产生的压力；抑或陷入超验性的回声和**内在化**（immanentization）的驱力之间的感受。产生**新星效应**（nova effect）。

道离肉身（Excarnation）　宗教（特别是基督教）在其中去物质化和去仪式化，并转变为一种"信念体系"的过程。与道成肉身的、圣礼式的灵性相反。

无求于外的人文主义（Exclusive humanism）　一种世界观或社会想象，能够在不诉诸神圣或超验性的情况下，解释意义及价值。

表现型个人主义（Expressive individualism）　产生自

18世纪晚期浪漫主义的表现主义,它认为"每个人都有他或她自己实现我们人性的方式",我们被呼召活出("表现出")它,而不是遵循由他人(特别是各种体制)强加给我们的模式。见**本真性时代**(Age of Authenticity)。

脆弱化(**Fragilization**) 在面对不同选项时,一旦"正常"生活的人们并不和我有同样的信仰(也许还信仰非常不同的东西),我自己的信仰委身就会变得脆弱——被怀疑,变得不再确定。

完满(**Fullness**) 这个词意指人类寻找重要性、意义、价值的冲动——即便只是在**内在框架**(immanent frame)之内。

内在框架(**Immanent frame**) 一种被建构的社会空间,它将我们的生活完全置于一个自然的(而非超自然的)秩序之中。正是这种被限定的现代社会想象的空间排除了超验性。另见**内在化**(immanentization)。

内在化(**Immanentization**) 在一个封闭、自足和自然主义的宇宙中,不指向超越而寻求意义、重要性和"完满"的过程。它是一种"封闭"。

最高要求(**Maximal demand**) "如何定义我们作为人类存在最高的精神渴望或道德渴望,同时指示一条通往转

化的道路。这条道路不会破坏、残害或拒绝对于我们人类来说是本质性的东西。"（第 639 – 640 页）

现代道德秩序（Modern moral order［MMO］） 一种对道德的新理解，其关注的是为互利而建构的社会秩序，而非遵循"更高的"或永恒的标准。因此，"道德"与"经济"紧密关联，甚至前者被化约为后者。

新星效应（Nova effect） 意指世俗 3 社会中，寻求信仰和意义的各种不同选项（各种"第三条道路"）的爆炸，它由同时发生的关于我们历史的**交叉压力**（cross-pressures）以及同时发生的**内在化**（immanentization）和（至少是）超验性（的回响）的压力所造成。

可渗透的自我（Porous self） 在古代或中世纪的社会想象中，自我对迷魅的"外在"世界开放，并易受其影响——易受恩典、附体的影响。与**缓冲的自我**（buffered self）相反。

改革（Reform） 泰勒所使用的一个涵盖性术语，意指中世纪晚期和现代早期的一系列运动，这些运动均尝试处理永恒生命的要求与此世生命的需要之间的张力。对"双层"宗教的一种回应。

世俗 1（Secular 1） 一种较"古典的"对世俗的定义，用来与神圣相区分——即日常生活的此世层次。神父负责神圣的事物；屠夫、面包师和烛台匠则从事"世俗的"工作。

世俗 2（Secular 2）　一种较"现代的"对世俗的定义，将世俗定义为**非宗教的**——中立的、公正的、"客观的"——例如一个"世俗的"公共领域。

世俗 3（Secular 3）　泰勒关于世俗作为一个竞争性信仰的时代之定义。在其中，宗教信仰不再是不言自明的。想象不信仰上帝是可能的。另见**无求于外的人文主义**（exclusive humanism）。

世俗主义（Secularism）　一种与世俗 2 相关联的学说，要求公共机构（包括学校、政府等）必须是**非宗教的**。大致等同于法国的世俗主义（*laïcité*）学说，并经常被表达为"政教分离"。

社会想象（Social imaginary）　不同于一种知识体系或框架，"较之人们以一种超脱的方式**思考**社会现实时所接受的知识系统，社会想象更为宽泛和深刻"，一种社会想象是"普通人'想象'其社会环境的方式，且它通常并不用理论术语所表达，而是存在于图像、故事、神话等之中"（第 171－172 页）。

导向（Spin）　内在框架之内的一种对生命的解释，且它并不认为自身是一种解释，因此也不为其他解释留有任何空间。它既可以是"封闭的"（内在主义的），也可以是

"开放的"（向超验性）。另见**解释**（Take）。

化减故事（**Subtraction stories**）　将"世俗"仅仅理解为宗教信仰之减少的观念，在其看来世俗是我们抛弃迷信之后剩下的东西。相反，泰勒强调世俗是被**制造**出来的，而不仅是提纯后的剩余物。

解释（**Take**）　内在框架之内的一种对生命的解释，它对接受其他解释之可行性保持开放。它既可以是"封闭的"（内在主义的），也可以是"开放的"（向超验性）。另见**导向**（Spin）。

转化的视界（**Transformation perspective**）　一种对宗教而言极为重要的观念，即完满要求人类向超越人间福祉的维度转化。因此，宗教并不仅仅是对超自然实体之信念的集合；它产生了一种转化性的生活方式。

无思（**Unthought**）　（通常不明言的）一些前设，它们支持一种对世俗性以及宗教实践之衰落的解释。

人名索引

（索引中的页码为原书页码，即本书边码）

主题索引

（索引中的页码为原书页码，即本书边码）

图书在版编目（CIP）数据

如何（不）世俗/（美）詹姆斯·史密斯（James K. Smith）著；
高喆译.—上海：上海三联书店，2024.4
ISBN 978-7-5426-6251-4

Ⅰ.①如…　Ⅱ.①詹…②高…　Ⅲ.①哲学—通俗读物
Ⅳ.①B-49

中国版本图书馆 CIP 数据核字（2018）第 063256 号

如何（不）世俗
——解读查尔斯·泰勒

著　　者／詹姆斯·史密斯
译　　者／高　喆

丛书策划／橡树文字工作室
特约编辑／丁祖潘
责任编辑／邱　红　陈泠坤
装帧设计／徐　徐
监　　制／姚　军
责任校对／王凌霄

出版发行／上海三联书店
　　　　　（200041）中国上海市静安区威海路 755 号 30 楼
邮　　箱／sdxsanlian@sina.com
联系电话／编辑部：021-22895517
　　　　　发行部：021-22895559
印　　刷／上海盛通时代印刷有限公司

版　　次／2024 年 4 月第 1 版
印　　次／2024 年 4 月第 1 次印刷
开　　本／890mm×1240mm　1/32
字　　数／150 千字
印　　张／7.125
书　　号／ISBN 978-7-5426-6251-4/B·565
定　　价／58.00 元

敬启读者,如发现本书有印装质量问题,请与印刷厂联系 021-37910000